- 山东省社会科学规划研究项目"山东省农村社区互助养老问题研究"（课题编号：19CSHJ11）、山东社会科学院博士基金项目"山东省农村社区互助养老模式、问题及对策研究"（课题编号：20191141078）、山东省软科学研发项目"'互联网+'背景下山东智慧养老服务的实践模式与发展路径研究"（课题编号：2019RKC23005）的前期阶段性成果
- 山东社会科学院出版基金以及山东社会科学院博士基金项目资助

机构养老服务供需平衡研究

纪春艳 著

中国社会科学出版社

图书在版编目(CIP)数据

机构养老服务供需平衡研究 / 纪春艳著. —北京：中国社会科学出版社，2020.10
ISBN 978-7-5203-6921-3

Ⅰ.①机… Ⅱ.①纪… Ⅲ.①养老—社会服务—研究—中国 Ⅳ.①D669.6

中国版本图书馆 CIP 数据核字(2020)第 141200 号

出 版 人	赵剑英
责任编辑	冯春风
责任校对	张爱华
责任印制	张雪娇

出　　版	中国社会科学出版社
社　　址	北京鼓楼西大街甲 158 号
邮　　编	100720
网　　址	http://www.csspw.cn
发 行 部	010-84083685
门 市 部	010-84029450
经　　销	新华书店及其他书店
印　　刷	北京君升印刷有限公司
装　　订	廊坊市广阳区广增装订厂
版　　次	2020 年 10 月第 1 版
印　　次	2020 年 10 月第 1 次印刷
开　　本	710×1000　1/16
印　　张	12.75
插　　页	2
字　　数	207 千字
定　　价	78.00 元

凡购买中国社会科学出版社图书，如有质量问题请与本社营销中心联系调换
电话：010-84083683
版权所有　侵权必究

目 录

第一章 导论 …………………………………………………………（1）
  第一节 问题提出与研究背景 …………………………………（1）
  第二节 研究目的与研究意义 …………………………………（9）
  第三节 研究内容与章节安排 …………………………………（11）
    一 研究内容 ……………………………………………（11）
    二 章节安排 ……………………………………………（11）
  第四节 研究方法、资料来源 …………………………………（12）
    一 研究方法 ……………………………………………（12）
    二 资料来源 ……………………………………………（14）
  第五节 研究创新与研究不足 …………………………………（15）
    一 研究创新 ……………………………………………（15）
    二 研究不足 ……………………………………………（15）

第二章 概念界定、理论基础与文献综述 ……………………（16）
  第一节 概念界定 ………………………………………………（16）
    一 人口老龄化相关概念 ………………………………（16）
    二 机构养老服务相关概念 ……………………………（17）
  第二节 理论基础 ………………………………………………（18）
    一 人口老龄化理论 ……………………………………（18）
    二 需求层次理论 ………………………………………（19）
    三 公共产品理论 ………………………………………（20）
    四 福利多元化理论 ……………………………………（20）
    五 供需平衡理论 ………………………………………（21）
  第三节 文献综述 ………………………………………………（23）

一　机构养老服务 …………………………………………（23）
　　二　养老机构 ……………………………………………（24）
　　三　机构养老服务需求 …………………………………（24）
　　四　机构养老服务供给 …………………………………（27）

第三章　山东省人口老龄化的发展状况及地区差异 …………（36）
　第一节　山东省人口年龄结构的总体情况 …………………（36）
　　一　山东省人口年龄结构向老年型演变 ………………（36）
　　二　山东省老龄化程度高于全国水平 …………………（39）
　第二节　山东省内部人口老龄化的地区差异 ………………（41）
　　一　人口老龄化的区域差异 ……………………………（41）
　　二　人口老龄化的城乡差异 ……………………………（45）

第四章　山东省机构养老服务的需求 …………………………（47）
　第一节　老年人口的健康状况 ………………………………（47）
　　一　老年人口的健康状况 ………………………………（47）
　　二　高龄人口的健康状况 ………………………………（48）
　第二节　老年人口的家庭支持 ………………………………（49）
　　一　家庭结构的小型化 …………………………………（50）
　　二　家庭结构的核心化 …………………………………（51）
　　三　老龄人口的空巢化 …………………………………（51）
　第三节　机构养老服务的需求 ………………………………（52）
　第四节　人口老龄化的预测 …………………………………（53）
　　一　预测方法与参数设定 ………………………………（53）
　　二　人口老龄化预测结果 ………………………………（54）

第五章　山东省机构养老服务的供给 …………………………（57）
　第一节　机构养老服务事业的发展 …………………………（57）
　　一　机构养老服务事业的发展阶段 ……………………（57）
　　二　机构养老服务事业的主要举措 ……………………（62）
　　三　机构养老服务的政策环境 …………………………（66）
　第二节　机构养老服务的供给现状 …………………………（77）
　　一　养老机构的类型 ……………………………………（77）
　　二　机构养老服务供给特点 ……………………………（81）

第三节 机构养老服务供给的实证分析 ……………………（82）
一 养老机构的数量及构成 ……………………………（82）
二 机构养老服务床位的数量及构成 …………………（85）
三 机构养老服务职工的数量及构成 …………………（87）
四 机构养老服务专业化水平状况 ……………………（89）
五 机构养老服务的财政资金供给 ……………………（91）
第四节 "9064"发展格局下机构养老服务的供给趋势 ………（94）

第六章 山东省机构养老服务的供需平衡分析 …………………（96）
第一节 养老服务床位与人员数量供需 ………………………（96）
一 养老机构床位数量供需 ……………………………（96）
二 养老机构人员数量供需 ……………………………（98）
第二节 机构养老服务资源的结构供需 ……………………（100）
一 养老机构内部供需差异 …………………………（100）
二 机构养老服务人员结构的供需 …………………（102）
三 机构养老服务的地区供需 ………………………（103）
第三节 机构养老服务内容与费用供需 ……………………（104）
一 机构养老服务内容供需 …………………………（104）
二 机构养老服务收费与老人收入水平 ……………（104）

第七章 山东省机构养老服务供需平衡的区域差异 ……………（106）
第一节 机构养老服务供需平衡的市际差异 ………………（106）
一 机构养老服务的供需 ……………………………（106）
二 各市机构养老服务的有效供需 …………………（108）
第二节 机构养老服务供需平衡的东中西部差异 …………（110）
一 机构养老服务的宏观供给能力 …………………（110）
二 机构养老服务的政府财政投入 …………………（120）
三 机构养老服务的有效需求 ………………………（121）
四 机构养老服务的有效供给 ………………………（125）
五 机构养老服务的宏观供需 ………………………（128）
六 机构养老服务资源配置差异 ……………………（131）
第三节 "9064"发展格局下各地市机构养老服务供给的
预测分析 ……………………………………………（135）

一　各地市人口老龄化未来发展 …………………………（135）
　　二　"9064"发展格局下各地市养老机构未来供给 ………（136）
第八章　山东省机构养老服务供需平衡问题及原因 ……………（137）
　第一节　机构养老服务的政策制度 ………………………………（137）
　　一　政策体系建设与落实 …………………………………（138）
　　二　监管制度制定与执行 …………………………………（141）
　第二节　机构养老服务的市场化环境 ……………………………（143）
　　一　养老机构的竞争环境 …………………………………（143）
　　二　养老机构自身的定位与竞争 …………………………（144）
　第三节　养老机构自身的建设 ……………………………………（146）
　　一　硬件设施建设 …………………………………………（146）
　　二　人力资源队伍建设 ……………………………………（148）
　　三　服务项目供给 …………………………………………（150）
　　四　机构运营状况 …………………………………………（152）
　第四节　机构养老服务的资金来源与运营模式 …………………（153）
　　一　财政资金投入与资金来源 ……………………………（153）
　　二　养老机构的运营模式 …………………………………（154）
　第五节　机构养老服务的社会氛围 ………………………………（154）
　　一　机构养老服务的有效需求 ……………………………（154）
　　二　养老机构的志愿服务水平 ……………………………（157）

第九章　山东省机构养老服务实现供需平衡的政策建议 ………（158）
　第一节　政府职能的转变与完善 …………………………………（158）
　　一　完善与督促落实相关配套政策 ………………………（158）
　　二　健全分类与标准化管理制度 …………………………（160）
　　三　养老服务业的资金来源多样化 ………………………（161）
　　四　统筹地区养老机构的建设布局 ………………………（162）
　　五　构建养老机构的多样化发展格局 ……………………（162）
　　六　推进养老服务人员队伍建设 …………………………（164）
　　七　加强养老机构的监管工作 ……………………………（166）
　第二节　养老机构的建设与服务提升 ……………………………（168）
　　一　加强自身软硬件建设 …………………………………（168）

二　提升机构养老服务质量 …………………………………（168）
　　三　加强养老机构的内部管理 ………………………………（169）
　第三节　社会支持环境的营造与优化 ……………………………（170）
　　一　提升有效需求 ……………………………………………（170）
　　二　动员社会参与 ……………………………………………（171）
参考文献 ………………………………………………………………（173）
后记 ……………………………………………………………………（193）

第一章 导论

第一节 问题提出与研究背景

依据人口老龄化的国际标准，我国早在1999—2000年间就已经进入人口老龄化社会（李士雪、马效恩，2012：1）。随着人口老龄化不断加速的发展进程，养老服务正在成为刚需，老有所养的问题渐成社会民生热点和焦点。面对严峻的人口老龄化形势，为应对由此而带来的养老压力，党的十九大报告提出实施健康中国战略，"要在老有所养上不断取得新进展"。2018年3月，李克强总理在《政府工作报告》中十四次提及养老问题，并提出"积极应对人口老龄化，发展居家、社区和互助式养老，推进医养结合，提高养老院服务质量"等要求。

家庭养老、社区养老及机构养老是我国三种主要的养老模式。在传统"养儿防老"观念和"反馈"养老模式的影响下，家庭承担了重要的养老功能。目前，在多种因素的影响下，家庭养老模式遭遇了多种挑战，其养老功能不断弱化。而机构养老作为社会化养老模式，顺应了人口老龄化的发展要求，可为老人提供更多养老选择，发挥重要的"补充"作用。养老机构作为社会化养老服务方式的重要载体，其发展水平如何对于满足老人的社会养老服务需求、保障老年人晚年生活质量、维护社会和谐稳定具有十分重要的意义。

山东省作为齐鲁圣地、孔孟之乡，其人口老龄化社会的进程早于全国，并在发展过程中不断呈现基数大、增速快、空巢化、高龄化、失能化等趋势。2017年，山东省进入中度人口老龄化社会，老年人口规模居全国前列，失能和半失能老人数量激增，老人的照护需求不断扩大，社会养老问题日渐突出。而与此相对，传统家庭养老功能日渐弱化，机构养老模式地位逐渐凸显，这成为研究机构养老服务的重要背景。

机构养老如何兴起与发展，其需求状况怎样？机构养老服务发展的政策、市场外部环境如何，其供给有哪些举措、分类和特征？供需平衡状况以及地区间存在怎样的差异？对于该系列问题本书将综合、系统地展开讨论和分析。在目前"9064"养老服务格局下，机构养老的未来走向如何，如何达到供需平衡，如何在供需平衡的理论框架下促进机构养老服务的发展，是本书关注的重点问题。

1. 社会养老问题日渐突出

作为顺应人口发展规律的必然趋势，人口老龄化成为人类面临的重大挑战和成就。1999年，我国进入人口老龄化时代。与其他国家相比，我国的人口老龄化在发展过程中呈现速度快、程度高等显著特征，其中一些特征在未来相当长一段时期内仍将持续并不断强化。1982年以来我国65岁以上老人数量以及所占总人口比重如下表所示（表1—1）。

表1—1　1982年以来全国65岁以上老人数量与所占总人口比重变化　单位：万人，%

年份	65岁以上老人数量	所占比重	年份	65岁以上老人数量	所占比重
1982	4991	4.9	2003	9692	7.5
1987	5968	5.4	2004	9857	7.6
1990	6368	5.6	2005	10055	7.7
1991	6938	6.0	2006	10419	7.9
1992	7218	6.2	2007	10636	8.1
1993	7289	6.2	2008	10956	8.3
1994	7622	6.4	2009	11307	8.5
1995	7510	6.2	2010	11894	8.9
1996	7833	6.4	2011	12288	9.1
1997	8085	6.5	2012	12714	9.4
1998	8359	6.7	2013	13161	9.7
1999	8679	6.9	2014	13755	10.1
2000	8821	7.0	2015	14386	10.5
2001	9062	7.1	2016	15003	10.8
2002	9377	7.3			

资料来源：《中国统计年鉴2017》。

由上表可见，我国65岁以上老人人口规模逐年攀升，从1982年的4991万人增加到1999年的8679万人，到2005年已突破1亿人，此后又一路攀升至2016年的15003万人。与此同时，65岁以上老人所占总人口的比重也逐年攀升，从1982年的4.9%升至1999年的6.9%，到2016年又升至10.8%，人口老龄化程度不断深化，人口老龄化形势日益严峻。在21世纪中叶之前，我国人口老龄化形势仍将会一直持续。

就老年人个体而言，其身体机能、健康状况、生活自理程度随年龄的增长而不断下降。其中，高龄老人的病残率更高，他们对专业的医疗护理、康复训练和生活照护等方面的服务要求更高。有研究表明，低龄、中龄及高龄老人的患病率分别为66.9%、87.1%、80.8%（张向明，1997）。据第四次中国城乡老年人生活状况抽样调查结果显示，我国高龄老人、失能半失能老人所占老年人口的比重分别为13.9%、18.3%，未来我国社会的养老负担将更加沉重。

鉴于社会主义初级阶段的基本国情以及目前尚不完善的社会保障制度，我国应对人口老龄化的物质基础还比较薄弱，人口老龄化呈现"未富先老""未备先老"的特征。老龄化社会是一个不可逆转的现象，随着人口老龄化形势的不断发展、生存型社会向发展型社会的转变，老龄化早已对我国经济社会的发展构成重要挑战，老年人口的养老和生活质量问题成为我国社会重要的民生议题（李建民等，2011），未来养老问题将更加突出。在严峻的人口老龄化形势面前，我国将"老有所养"定为老龄事业发展的重要目标之一。

山东省老年人口规模大，老龄化起步早、程度高，未来养老任务更为艰巨。根据全国第六次人口普查数据显示，2010年山东省60岁以上以及65岁以上老年人口规模均居全国首位，其各自所占总人口比重分别为14.75%、9.84%，均位列全国第7位。根据《中国统计年鉴2017》，2016年山东省65岁以上老人所占总人口比重和老年抚养比均高出全国平均水平。历年山东省65岁以上老年人口规模以及所占总人口比重见表1—2。

表1—2　　　1982年以来山东省65岁以上老人数量
以及所占总人口比重变化　　　　　单位：万人,%

年份	65岁以上老人数量	所占总人口比重	年份	65岁以上老人数量	所占总人口比重
1982	417	5.6	2007	953	10.2
1990	523	6.2	2008	966	10.3
1995	644	7.4	2009	988	10.4
2000	729	8.1	2010	948	9.9
2001	740	8.2	2011	964	10.0
2002	773	8.5	2012	1009	10.4
2003	827	9.1	2013	1066	11.0
2004	846	9.2	2014	1136	11.6
2005	920	9.9	2015	1201	12.2
2006	931	10.0	2016	1313	13.2

资料来源：《山东统计年鉴2017》。

由上表可见，山东省人口老龄化程度不断提高，从1982年的5.6%升至2016年的13.2%，且相对高于全国平均水平。同时，山东省老年抚养比也不断升高，从1982年的8.8%升至2016年的18.8%，且总体上高于全国平均水平（表1—3）。

表1—3　　　1982年以来全国及山东省老年抚养比变化　　　　单位:%

年份	全国	山东	年份	全国	山东
1982	8.0	8.8	2003	10.7	12.5
1987	8.3		2004	10.7	12.5
1990	8.3	9.2	2005	10.7	13.4
1991	9.0		2006	11.0	13.4
1992	9.3		2007	11.1	13.6
1993	9.2		2008	11.3	13.8
1994	9.5		2009	11.6	14.1
1995	9.2	10.9	2010	11.9	13.3

续表

年份	全国	山东	年份	全国	山东
1996	9.5		2011	12.3	13.5
1997	9.7		2012	12.7	14.2
1998	9.9		2013	13.1	15.0
1999	10.2		2014	13.7	16.1
2000	9.9	11.4	2015	14.3	17.1
2001	10.1	11.5	2016	15.0	18.8
2002	10.4	11.7			

资料来源：《中国统计年鉴2017》与《山东统计年鉴2017》。

2. 传统家庭养老功能日渐弱化

在儒家文化的影响下，家庭养老历史悠久，是一种制度化的传统，是目前最主要的养老方式，是在家养老和子女养老的有机结合。但在现代化的发展以及人口转变的进程中，受家庭小型化和核心化、老年人口高龄化等因素的影响，家庭养老模式日渐式微（穆光宗，1999）。

家庭规模小型化趋势明显，山东省和全国平均家庭户规模均在不断缩小，且总体上山东省的平均家庭户规模小于全国平均水平，具体见下图（图1—1）。1982—2016年间，山东省的平均家庭户规模由4.2人减少到3.07人，而同期全国的平均家庭户规模分别为4.41人、3.11人。家庭规模的日益小型化，使得家庭内部的养老支持和养老基础减弱，少子女以及与子女分开居住的老人晚年将面临较大的养老风险。

长期以来，在传统文化的影响下，我国多代同住的扩展型家庭较为常见。但随着社会变迁，核心家庭所占比重逐渐上升，大家庭模式在逐渐消亡（穆光宗，1999）。2010年全国第六次人口普查数据显示，我国三代户以下的家庭户占82.01%，比同期山东省低3.35个百分点。根据《中国统计年鉴2017》数据显示，2016年我国三人户及以下的家庭户占多数（占比为66%），低于同期山东省的水平（71.9%）。家庭规模的小型化和核心化使纯老年人家庭数量也在不断增加，而独生子女现象使其父母的养老变成难事（穆光宗，1999）。根据老龄委的预测，2020年后独生子女家庭的父母渐入老年，家庭的"少子化"减少了家庭内部的养老资源，

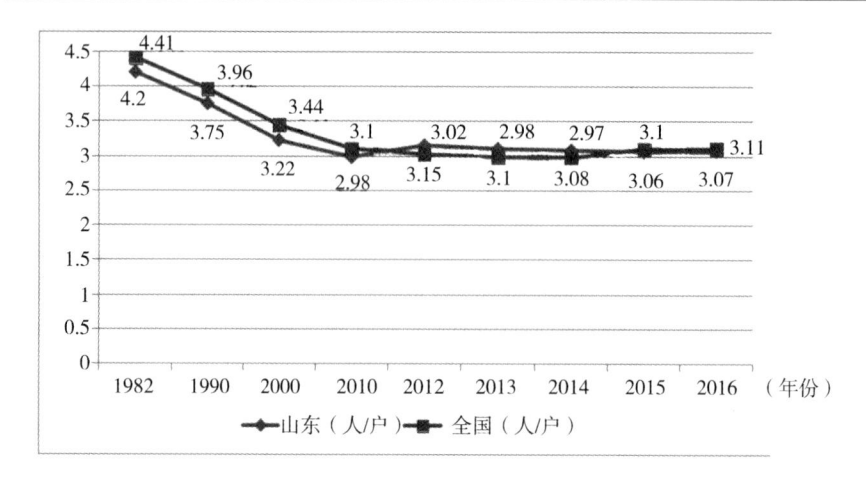

图1—1 山东省与全国平均家庭户规模变动

资料来源：《中国统计年鉴2017》与《山东统计年鉴2016》。

大大削弱了未来这些家庭的养老功能。

家庭规模的缩小和结构变化弱化了家庭的养老功能，再加上"421"家庭、独生子女家庭、空巢家庭规模的不断扩大，家庭结构的变迁所带来的家庭重心向下一代转移，以及人口流动的影响，使老人的居家照料和供养资源进一步削弱，子女对老人的生活照料和精神慰藉更难以保障，老人在家庭中难以满足的养老需求转而移向社会，由此衍生出社会化的养老需求（熊海强，2016）。

在经济结构变迁、社会转型的过程中，传统家庭养老模式的基础也随之发生变化，传统长辈对知识、技能和经济的主动控制权也渐弱，导致其在家庭中的权威地位发生动摇，对子女的话语权越来越弱。与此同时，在市场经济体制下，受功利主义和物质主义价值观的影响，传统孝道文化影响力也渐弱，孝道观淡薄，传统养老观念已经发生了变化。一直以来，中国推崇"养儿防老"，但同时老人的养老观也在逐步改变，更多老年人也逐渐接受了社会养老服务方式。

再加上受人口流动的影响，地理上的远离同时也带来了亲情上的淡薄，家庭养老模式的认同度也随之下降。再者，相关养老规范在实践中的法律约束力有限。老人由于法律意识的淡薄、传统观念根深蒂固等原因，仍不愿将赡养问题付诸法律。目前，关于赡养纠纷的解决，与宗族、基层组织等途径相比，法律途径仍占很小的部分。因此，老人的赡养问题在很大程度上仍然依赖于亲情。

传统家庭养老基础发生动摇，使得传统家庭养老模式开始瓦解和分化，养老功能将在家庭和社会之间实现转移、替代和扩展（穆光宗，1999），社会化养老模式将成为更多人的选择（黄恒玲，2011）。

3. 机构养老模式作用日益显现

传统家庭养老模式以家庭成员为养老服务的提供者，有利于家庭成员之间的情感交流，也减轻了社会负担。但在家庭养老功能弱化的前提下，养老机构也开始分担家庭的部分养老功能，向全社会提供专业化的养老服务。养老机构的发展，极大增加了养老服务供给，缓解了社会养老压力，使得机构养老模式在社会养老服务体系中的重要性越来越突出。

从养老服务职责来看，与家庭养老和社区养老相比，养老机构因拥有专业化程度较高的服务人员和服务技能而担负着不可或缺的独特养老职责，为老人提供专业化照料和规范化护理服务，实现养老功能的完全转移和替代。其专业化程度优于家庭养老，照护个性化服务优于社区养老，同时还可以满足老人的社交、医疗、护理等多重需求，并在集中管理的基础上实现规模效应（王瑞华，2010），还能将其优势辐射到家庭与社区，提高整个社会的养老服务水平。

目前，机构养老模式已成为家庭养老和社区养老的有力补充，是养老的大势所趋（刘红，2009）。随着人们传统养老观念的转变以及机构养老模式自身地位的增强，老人机构养老服务的需求将会更加强烈，越来越多的老人会更加青睐机构养老模式。

在前文所述背景下，本书将开展机构养老服务研究，并选取山东省作为研究区域，究其原因主要有以下几点：

1. 山东省的经济发展程度相对较好

山东省是经济大省，其经济发达程度以及人民生活水平相对较好。2016年，山东省地区生产总值为67008.19亿元，名列全国前三位，人均地区生产总值（67706元）以及人均可支配收入（24685元）均为全国第九位。2013年，山东省被评为全国最具有综合竞争力的省区之一。2018年1月，国务院批复山东省为全国新旧动能转换综合试验区，为山东建设经济文化强省提供了契机。

2. 山东省机构养老需求总量庞大

山东省是全国第一老年人口大省,根据省政府新闻办 2017 年 5 月 24 日的新闻发布数据,其 60 岁以上老人数量在 2016 年底已突破 2000 万人;人口老龄化程度在全国较严重,60 岁以上老人所占总人口比重以及 65 岁以上老人所占总人口比重分别为 20.68%、13.15%,处于中度老龄化阶段。因此山东省老年照护需求总量可观,未来仍将在一定程度上不断扩大。根据《第四次中国城乡老年人生活状况抽样调查(山东省)成果》显示,2015 年,全省需要照护的老年人大约有 240 万人(所占比重为 12.76%)。其中,低龄、中龄和高龄占这部分群体的比重分别为 5.68%、13.99% 和 38.33%。随着老人年龄的增加,其照护需求越来越强。

3. 山东省机构养老模式发展较好

在多年社会福利社会化改革的进程中,山东省机构养老模式的发展成效显著,每千名老人床位数高于全国平均水平。在老龄事业发展过程中,山东省养老服务体系不断完善,目前已逐渐形成多种层次、多种功能、多种性质的养老机构发展并存的格局,为老人提供了多样化的养老选择和多层次的养老服务。在山东省政府 2016 年 2 月 25 日发布的《山东省养老服务业转型升级实施方案》中,山东省提出要在 2020 年实现养老服务床位数 88 万张、每千名老人养老床位数 40 张以上的目标。2017 年 8 月,山东省政府在印发的《"十三五"山东省老龄事业发展和养老体系建设规划》中明确将健康养老产业列为新旧动能转换和经济转型升级的十大重点发展产业之一,并指出到 2020 年老龄事业发展和养老体系建设要达到全面建成小康社会的要求以及全国前列的水平。2018 年 2 月 24 日,山东省政府印发《山东省创建全国医养结合示范省工作方案》(鲁政办字〔2018〕28 号),致力于为实施健康中国战略提供山东经验。

4. 山东省是全国经济、文化、社会发展的缩影

在总体经济社会发展水平较高的前提下,由于地理位置、自然禀赋、政策环境等因素的影响,山东省不同地区内部发展不平衡,在经济、社会、基础设施、资源等方面存在明显的东中西部差异,在全国极具代表性。东中西部三大区域的综合发展指数分别为 96.7、70.3、48.6,其相对差距由东向西呈梯形差异分布(王晓君、刘爱芝,2006)。此外,山东省是孔孟之乡和儒家文化的发源地,受传统"孝老爱亲"观念影响较大。

5. 山东省机构养老服务的资料丰富、完备

关于山东省机构养老服务的统计数据资料比较完整、全面,且其他学者做过相关的调查研究,研究基础较好。尤其是目前山东省总体供需不平衡、有效供需不平衡、结构供给不合理、质量供给水平低、地区差异大等问题比较突出,亟待予以解决。因此,从供需相结合的角度来全面系统分析山东省机构养老服务的发展,旨在通过实证来找出两者之间的矛盾,并在深入剖析背后政策与环境因素的前提下提出相应的对策建议。

第二节 研究目的与研究意义

养老问题是跨社会学、经济学、管理学等多个学科的研究领域。但目前多针对养老保险体系、养老保障体系、养老产业等方面开展相关研究,针对养老服务的研究相对不多,从供需平衡相结合的角度研究则更少。而目前针对山东省的机构养老服务供需研究,多侧重某一方面或某一区域,总体上缺乏系统全面的实证分析。

从理论视角来说,本书基于供需结合的角度,以供需平衡理论为指导,系统分析山东省机构养老服务发展中的供需平衡现状、问题、地区差异以及背后的政策、环境原因,并在此基础上提出可行性的政策建议,为促进机构养老服务供需平衡提供智力支持。

从现实角度来说,养老问题是国际上很多国家正在或即将要面对的重要社会议题。未来,随着人口老龄化的继续深化,老有所养的问题将更加突出。在传统家庭养老日渐微弱、社区养老规模化发展受阻的前提下,机构养老发展的重要性将更加凸显。以山东省为研究区域,重点分析机构养老服务的供需平衡现状、问题以及背后的政策与环境,可为实现供需平衡提供实证资料,推动机构养老服务事业的健康发展。具体来讲,加快机构养老服务事业的发展,对于应对人口老龄化问题、完善社会养老服务体系、全面建成小康社会、改善民生和促进就业的现实意义重大。

1. 有效应对人口老龄化

根据《山东民政统计年鉴2016》的数据显示,2016年底,山东省80岁以上高龄老人为220.4万人,占60岁以上老年人口的比重为11.8%。在现代社会,子代与亲代常分居两地,或者即便同地居住,子女由于个人

工作等原因照料老人的时间相对不足,家庭养老存在诸多困境,未来高龄、失能半失能老人照护需求将日益突出(李石,2015)。

与日益庞大的养老服务需求相对,山东省的社会经济发展水平还不够高,社会养老保障、公共服务体系等制度还不够健全,养老问题的解决还将面临一定的困难。未来一段时间,人口老龄化进程将进一步加快,老年人口规模会持续增长。随着人们收入水平和社会保障水平的不断提高,养老服务的需求将成为有效需求。作为提供专业性照料护理服务的社会化养老方式,机构养老方式可以适应传统养老模式的转变,弥补家庭照料资源的不足,承担老人从家庭中衍生出的社会养老服务需求。

2. 完善社会养老服务体系

"老有所养"是古人所追求理想——"大同社会"的重要目标。党的十八大报告和十九大报告均指出要"大力发展老龄服务事业和产业"。作为社会养老服务体系的重要组成部分,机构养老的重要性也不断凸显。养老服务产业投入高、回收慢、盈利少,其可持续发展需要社会各界的共同参与。目前,我国养老服务业还处于初级发展阶段,供需平衡还存在一些问题,亟需动员多方力量为健全社会养老服务体系开辟路径。

3. 全面建成小康社会的应有之义

老年人属于社会弱势群体,解决他们"老有所养"的问题是保障其晚年生活幸福、家庭和谐与社会稳定的重要举措。从历史上来看,我国的机构养老服务最初是为保障城乡弱势老年群体的基本生活而提供的,是属于社会保障体系的重要组成部分。

养老问题是历年政府工作报告的重要民生议题。党的十九大报告指出,要在"病有所医、老有所养"上实现新进展。为实现全面建成小康社会的奋斗目标,要注重保障老年人群体的利益,提高老年人的福利水平。高龄、失能和半失能老年群体是机构养老服务的主要对象,发展机构养老服务事业可以保障这部分老年群体的整体利益,使他们共享改革的成果,缓解社会不公,维护社会稳定。

4. 扩大就业、改善民生的有效措施

机构养老模式的发展是积极应对人口老龄化、解决养老问题的重要路径,但同时也是保障民生、拉动经济增长的重要措施(邹继征,2015:143—144)。老人日益增长的照料护理需求,可对养老服务市场的消费产生重要刺激，从而拉动社会就业和再就业。参照日本经验，若老人与养老护理员按照 1∶1—3∶1 的标准来配备，未来将提供近千万个就业岗位。

5. 完善政府职能的必然要求

社会福利社会化是机构养老模式的未来发展方向。最初，养老机构均是由政府一手包办，在之后的发展过程中逐渐面临资金不足、服务水平低等困境，无法满足老人日益增长的社会养老需求。在此背景下，我国开始走上社会福利社会化改革的道路。《政府工作报告2017》提出要"支持社会力量增进养老等服务供给"的要求。非营利性养老机构作为机构养老服务的供给主体之一，分担了最早由政府包揽的养老服务供给职责，而政府的角色随之由直接供给者过渡到间接供给者（张瑾瑾，2012）。目前，我国在推进社会福利社会化的实践中还存在一些问题，需要政府承担更多的规范、管理与扶持职责，以推动养老机构的长远、可持续以及健康发展。

第三节 研究内容与章节安排

一 研究内容

本书主要研究思路：基于现有宏观和微观资料，在人口老龄化理论、马斯洛需求层次理论、福利多元化理论、公共产品理论、供需平衡理论的指导下，分析山东省机构养老服务的供给与需求现状、供需平衡矛盾、供需地区差异及其背后原因，最后给出对策建议。

基于上述研究思路，特拟定研究框架图如下图所示（图1—2）。

二 章节安排

本书前两章为研究的理论基础。第1章为导论部分。第2章为概念界定、理论基础与文献综述。概念主要涉及人口老龄化与机构养老服务等相关概念，理论基础包括供给与需求两方面的相关理论。

第3章到第8章为实证部分。第3章主要分析了山东省人口老龄化的发展进程、现状以及地区差异。第4章主要分析了老年人口的健康、家庭养老支持状况以及机构养老服务需求状况，并预测了未来人口老龄化的发展趋势，指出宏观养老服务需求形势。第5章主要研究了机构养老服务事业发展的历史、政策举措、现状以及"9064"发展格局下的未来供给趋

```
┌─────────────────────────────────────────────────┐
│         山东省机构养老服务供需平衡研究              │
└─────────────────────────────────────────────────┘
         ┌───────────────────────────────────┐
  理论    │ ┌──────┐ ┌──────┐ ┌──────┐ ┌──────┐│
  基础  → │ │人口老龄││马斯洛需││公共产品││福利多元││
         │ │化理论  ││求层次理││理论    ││化理论  ││
         │ │        ││论      ││        ││        ││
         │ └──────┘ └──────┘ └──────┘ └──────┘│
         │           ┌──────────────┐          │
         │           │  供需平衡理论  │          │
         │           └──────────────┘          │
         └───────────────────────────────────┘
         ┌───────────────────────────────────┐
         │ ┌──────────────┐  ┌──────────────┐│
  实证  → │ │机构养老服务需求│  │机构养老服务供给││
  研究    │ └──────────────┘  └──────────────┘│
         │ ┌───────────────────────────────┐ │
         │ │ 山东省机构养老服务的供需平衡分析  │ │
         │ └───────────────────────────────┘ │
         │ ┌───────────────────────────────┐ │
         │ │山东省机构养老服务供需平衡的区域差异│ │
         │ └───────────────────────────────┘ │
         │ ┌───────────────────────────────┐ │
         │ │山东省机构养老服务供需平衡的问题及原因│
         │ └───────────────────────────────┘ │
         └───────────────────────────────────┘
  对策  → ┌───────────────────────────────────┐
  研究    │山东省机构养老服务实现供需平衡的政策建议│
         └───────────────────────────────────┘
```

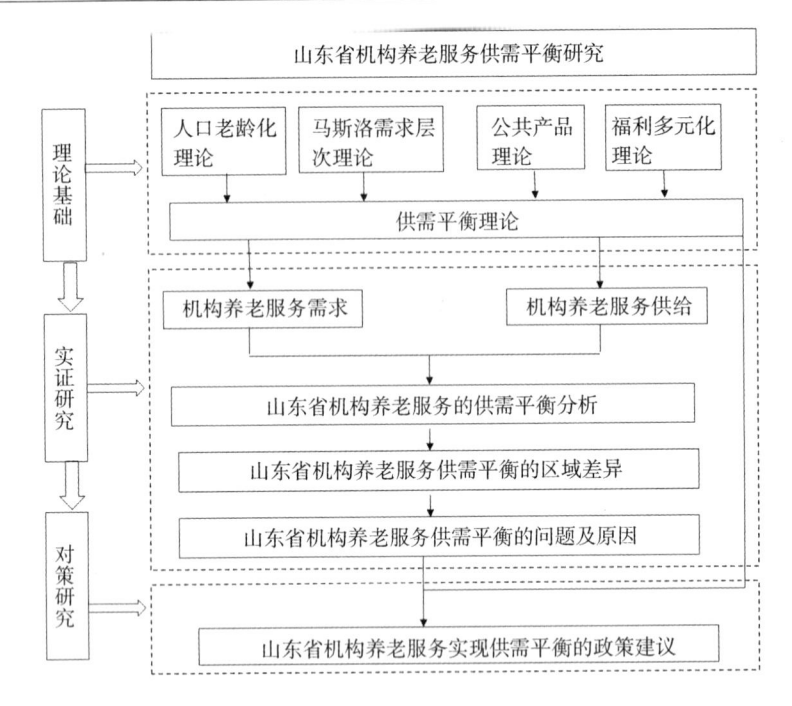

图 1—2 研究框架

势。第 6 章侧重机构养老服务供需平衡的实证分析，主要从数量、结构、服务内容等方面来展开论述。第 7 章是在前文对全省供需状况进行宏观分析的前提下，侧重从区域差异的角度来深入分析：首先从市际对比展开研究，对地市的供需现状进行聚类分析；其次聚焦到东中西部进行比较研究；最后对区域机构养老服务供给的趋势进行了预测分析，进一步细化和深化了研究主题。第 8 章基于微观数据，主要从政策和环境的视角重点分析了供需平衡中存在的问题以及背后的原因。第 9 章是对策建议部分。在前文实证分析的基础上，从政府、养老机构、社会等方面提出实现山东省机构养老服务供需平衡的政策建议。

第四节 研究方法、资料来源

一 研究方法

1. 文献研究法

通过对国内外有关人口老龄化、养老机构、社会福利、养老保障方面的相关著作、学术期刊等资料的阅读以及检索各类网络资源，整理分析相关理论与实证资料。结合国内外先进实践经验，总结可操作性的建议和策略，提出实现山东省机构养老服务供需平衡的建议，推动机构养老服务事业的发展。

2. 定量与定性相结合

定量分析。通过查阅各类统计年鉴资料，并浏览国家统计信息网站、山东统计信息网站、山东老龄工作委员会网站、山东省政府部门网站、山东社会科学院网站等有关网络资源，收集相关数据资料，统计整理后使用 Micsoft Excel、ArcGis 19.0 等软件进行多种图表呈现，对相关数据进行描述性分析。在解释性分析阶段，运用 SPSS 20.0，综合运用多种数据分析方法，根据研究需求进行不同类型的分析。如分析机构养老服务的供需状况，根据山东省 2015 年 1% 人口抽样调查数据，预测各地市老龄人口规模，进而对"9064"养老服务发展格局下各地市未来养老服务床位供给趋势进行预测，以及对各市宏观供需状况进行 K – 均值聚类分析等。

定性分析。对政策文本、实地调研访谈等资料进行文本分析、话语分析，按照客观性和科学性的原则，从中概括出山东省机构养老服务发展的供需现状以及供需平衡问题。

在定量与定性分析相结合的过程中，也体现了宏观与微观相结合的原则。一方面对山东省机构养老服务的供需现状进行宏观的描述统计和分析；另一方面关注微观主体，通过调研访谈资料来探究山东省机构养老服务的供给者、享受者、监管者等微观群体的主观感受。

3. 比较研究法

基于现有数据资料，分析山东省机构养老服务供需平衡现状与矛盾；对山东省 17 地市间及东中西部地区间供需状况进行比较，以了解地区差异；同时对各类养老机构之间以及各类养老机构内部的供需情况进行了对比分析，以了解不同机构养老服务供给主体发展中存在的实际问题。

4. 跨学科研究法

基于人口学、经济学、管理学等多学科视角来开展相关研究。

5. 访谈法

以半结构式的访谈为主，对山东省临沂市、济宁市、济南市、菏泽市等地的 20 家养老机构的负责人、工作人员、入住老人以及个别地市民政部门的工作人员进行了访谈,从中深入了解机构养老服务的供需问题以及背后的原因。

二 资料来源

本书主要资料来源包括政策文本、各类公开的统计资料、调查数据、其他公开研究成果等。

1. 政策文本

包括全国和山东省关于养老事业发展和养老体系建设、社会福利机构管理、扶持养老机构建设等方面的公共政策文本。

2. 大型公开统计数据和官方部门统计公报

中国与山东省相关统计年鉴数据等。山东省老龄化进程及前瞻性研究统计数据、山东省老龄事业发展统计数据、人口普查以及人口抽查统计数据。全国老龄办、国家民政部、山东省人民政府、山东省老龄委、山东省民政厅等部门发布的有关官方数据资料等。

3. 调查数据

第一,山东省养老服务需求调查。

2017年5月,山东省统计局社情民意局组织了《山东省养老服务需求调查》,以50—59岁准老年群体和60岁及以上的老年群体为调查对象,调查内容涉及生活状况、生活满意度、养老服务需求等三层次15个方面。

第二,第四次中国以及山东城乡老年人生活状况抽样调查成果。

调查对象:在中国大陆居住的60岁以上的公民。内容涵盖九大方面,采用"分层、多阶段PPS、最后阶段等概率"的抽样设计方案,通过问卷调查和访谈收集数据。调查范围为除港澳台地区外的31省和新疆生产建设兵团,共涉及466个县(市、区)。其中,山东省的调查数据涉及除济南、聊城以外的其他15个地市和40个县(市、区)。共发放调查问卷1.7759万份,样本有效率为99.5%。

第三,山东社会科学院2016年8—10月间开展的养老机构调研。

由山东社会科学院人口学研究所联合山东省老年产业协会于2016年8—10月间进行,调研涉及全省17个地市的45家养老机构。其中,东中西部各占28.9%、26.7%和44.4%;公办与民办各占26.7%、73.3%;养老机构类型涉及社区类和机构类,以机构类为主。

第四，个人调查访谈资料。

以半结构式访谈为主，针对机构养老服务供需的相关利益方进行访谈，以期从供给和需求的角度更清晰地刻画机构养老服务发展的状况，并找出存在的问题以及背后原因。

第五，相关公开研究成果。

与研究主题相关的官方、学界、研究机构的其他公开研究成果资料。

第五节 研究创新与研究不足

一 研究创新

1. 研究视角

在供需平衡理论的框架下，多角度、多学科地全面分析山东省机构养老服务的供需平衡问题，并从区域视角、政策与环境视角对机构养老服务的供需进行了研究。

2. 研究方法

以最新官方网站数据、宏观统计资料、微观调查数据以及个人实地访谈数据为基础，综合运用多种学科方法，全面系统地分析了山东省机构养老服务供需平衡状况，并得出研究结论。

二 研究不足

由于受占有的数据资料、个人理论功底和定量分析方法等方面的限制，本书研究尚有几多不足：一是对于数据资料以描述性分析和访谈的质性分析为主，相对较为简单，定量分析不够深入、透彻；二是对于研究主题的宏观把握，在理论上稍显薄弱；三是对于社区类以及城乡养老机构的分析相对较少，对机构养老服务供给主体的分析不够全面。

第二章 概念界定、理论基础与文献综述

第一节 概念界定

一 人口老龄化相关概念

1. 人口老龄化的概念

老龄化是指动态变化过程，可从个人和社会两个层面去定义，包括以生理年龄增长为特征的个体老化和以老年人口年龄结构比重偏大为标志的人口群体老化两个含义。个体的老化是指随时间的推移个人生理年龄逐渐增加的变化过程，是单方向的、不可逆转的生命历程；而人口群体的老化是一个动态变化的趋势，其显著特征是年轻人口数量的减少、老年人口规模和所占比重不断增长，主要表现为国家或地区的人口年龄结构老化（邬沧萍，1999：125）。由于受少年组、青年组等年龄组比重的影响，人口群体的老化在一定条件下是可逆的、双向的变化过程。

2. 人口老龄化的标准

界定老年的年龄界限是开展人口老龄化研究的前提。到目前为止，古今中外的学者对老人年龄界限的观点不一致，但并未达成共识。随着世界人口平均预期寿命的不断延长，老年的定义也在动态变化中。20世纪初，一些学者将50岁作为老年的起点。"二战"后，有学者以60岁作为老年的起点年龄（蒋正华，2005）。按照联合国的标准，65岁以上人口占总人口比重超过7%或者60岁以上人口占总人口比重超过10%即可确定为老年型人口（王俊，2014）。20世纪70年代以后，65岁是许多国家常用的老年标准。通常来说，如果一个社会或者地区60岁以上的人口占总人口的比例超过10%或者65岁以上的人口占总人口的比例超过7%，可以认

为该社会或地区已经进入人口老龄化社会。如果 65 岁以上的老龄人口占总人口的 14% 以上，就可以称之为"超老龄化社会"（杨雪，2017：3）。

二 机构养老服务相关概念

1. 机构养老与养老机构

机构养老是指老人通过入住所在社会提供的福利院、养老院或老年公寓等机构的方式，享受其提供的有偿或者无偿专业性养老服务。作为养老机构的抽象化概念，机构养老是集结了国家、社会以及家庭的养老方式，具有专业化和社会化的特征，极大弥补了居家养老模式的不足。

在学界，目前国内外已有研究中尚无统一的养老机构概念界定，相关说法有"养老服务机构""老年福利机构"等多种。学者周云认为光荣院、敬老院、养老院、社会福利院等构成养老机构（周云、陈明灼，2007）。学者于潇认为敬老院、老年公寓、托老所等为老服务的机构可称为养老机构（于潇，2001）。关于养老机构的概念界定也见于我国官方相关法规条例中。2013 年，民政部发布实施的《养老机构设立许可办法》（民政部令第 48 号）指出："养老机构是指为老年人提供集中居住和照料服务的机构。" 2013 年，山东省民政厅印发的《山东省养老机构设立许可办法》（鲁民〔2013〕63 号）将养老机构定义为"为老年人提供集中居住和照料服务的营利性、非营利性机构"。因此，养老机构是指以全部老年人群体，尤其是以失能、半失能和高龄老年人为服务对象，满足他们多样化养老服务需求的社会组织（吴玉韶、王莉莉、孔伟，2015）。

2. 养老机构的类型

综观国内外研究成果，养老机构可按照投资运营主体、登记部门、服务功能、服务内容等多种分类标准和依据划分为多个类型。在国内，如根据投资主体可划分为公办、公办民营、民办、民办公助等四类（方伶俐、杨娥，2014）；如按照不同所有制性质可划分为国办、集体办或公办、民办等两大类（董红亚，2011）；如民办养老机构按照登记部门可划分为非企业性质和企业性质两种，分别登记在民政部门和工商部门（翟德华，2014）；如按照服务对象类别可分为自理型、助养型、养护型等三类（吴玉韶、王莉莉、孔伟，2015）。在美国，按功能可将养老机构划分为技术照护型、中级照护型、一般照顾型三种，分别提供全天候医疗照顾和生活护理服务、全天候生活护理服务、全天候医疗照顾和生活护理服务之外的膳食和生活帮助服务。在香港，按照《安老院规例》的规定，根据入住老人的照护特征可将养老机构划分为低、中、高度照顾安老院。

与国外相比，我国一般性的社会福利院、敬老院对于收住范围的规定并不明确，多是为了方便管理仅在机构内部区分了收养老人所需要的护理级别，缺少对机构功能的明确定位（桂世勋，2001）。按照国家民政部2008年颁布的《中华人民共和国行业标准——老年人社会福利机构基本规范》规定，老年福利机构可划分为敬老院、养老院、护老院、护养院、托老所等多种类型。因此，本书所指养老机构是具有广泛意义的概念，是指为老年人提供生活起居、文化娱乐以及康复保健等一系列养老服务的机构和设施，包括敬老院、养老院、护老院、护养院、老年社会福利院、老年公寓和托老所等。其中，包括以残疾人和老年人为服务对象的养老机构以及为社区居民服务的养老机构和设施两大类，在此分别简称为机构类和社区类。机构类主要包括城市养老服务机构、农村养老服务机构、社会福利院荣誉军人康复医院、复原军人疗养院、军体所等，社区类主要包括社区养老机构和设施、社区互助养老设施、其他社区服务机构和设施。

第二节　理论基础

为了展开对机构养老服务的研究，本书借助的理论有：一是需求方面的人口老龄化理论、需求层次理论；二是供给方面的公共产品理论和福利多元化理论；三是进行供需匹配的供需平衡理论。

一　人口老龄化理论

瑞典人口学家桑德巴（Sunndbarg）被认为是在学术界最早关注老龄化问题的学者，他早在1990年就根据人口年龄结构将人口构成类型划分为年轻型、成年型和老年型三种，分别对应不同的人口发展趋势，该模式被称为"桑德巴模式"。其中，年轻型（0—14岁人口比重大于40%）的代表增长型的人口再生产类型，成年型（15—49岁人口比重在50%左右）的代表相对稳定的人口再生产类型，老年型（50 岁及以上人口比重大于 30%）的代表缩减型的人口再生产类型。三种人口再生产类型的具体划分如下表所示（表 2—1）。

表 2—1　　　　　　桑德巴人口再生产类型标准　　　　　　单位：%

	年轻型	成年型	老年型
0—14 岁	40	26.5	20
15—49 岁	50	50.5	50
50 岁以上	10	23	30

资料来源：刘贵平：《中国人口年龄结构变动及其若干社会经济问题》，《人口研究》1992 年第 2 期。

西方人口学和人口经济学普遍认为生育率下降以及由于经济社会的发展进步所带来的平均预期寿命延长奠定了老龄化的基础。1956 年，联合国将老龄人口标准设定为 65 岁，而 1982 年的世界老龄化问题大会又设定 60 岁为老龄人口的标准。目前，这两个老龄化标准在国际上较常见。

二　需求层次理论

美国著名心理学家亚伯拉罕·马斯洛（A. H. Maslow）在其 1943 年的著作《人类动机理论》中提出了需求层次理论（Maslow's hierarchy of needs）。他认为，人的需求存在从低级到高级发展的过程，可按照重要程度和发生顺序依次排列为生理、安全、情感、尊重和自我实现这五种需求，这五种需求共同构成一个层次等级体系。人按照从低到高的需求"阶梯"寻求自身的满足。一般来讲，高层次需求出现的前提是低层次需求已经满足，而低层次需求的存在不以高层次需求为转移（胡万钟，2000）。在人的生命过程中，总有一种需求相对占据主导地位，而其他几种需求则处于从属地位。前三种可通过外部条件予以满足，而后两者必须靠自身内部努力才能达成。

作为个体，老年人的养老需求是多方面、多层次的：有吃穿等基本生理需求；"老有所养、住有所居、病有所养"的身心安全需求；情感和归属的社会需求；尊重及自我实现需求（邹冰峰，2013）。与此相对应，养老机构所提供的日常生活照料、医疗护理服务可满足老人的生理、安全需求，而精神文化、心理慰藉等服务则对应老人的高层次需求。

养老需求是机构养老服务发展的不竭动力。因此养老机构提供的服务内容要体现多样化和个性化的特点，以顺应老人的多样化养老需求；同时要不断提高自身发展水平，为老人提供更高水平的养老服务，以满足其多层次需求。因此要以需求为导向来研究机构养老服务的发展情况，最终实现供需平衡的目标。

三 公共产品理论

与私人产品相对应，公共产品（Public good）具备非排他性和非竞争性两种特征，其产生源于社会的共同需要。非排他性也称消费上的非排斥性，是指个体消费难以排除或者无法排除其他人的消费；非竞争性是指增加一个消费者不会减少任何一个人对该产品的消费数量和质量（秦颖，2006）。根据这两种特征，公共产品又细分为纯公共产品和准公共产品。实际上除国防这一纯公共产品外，大多数公共产品都属于准公共产品。由于"市场失灵"的存在，准公共产品的供给比纯公共产品的供给更复杂。基于效率的原则，私人部门也可以参与准公共产品的生产。如政府部门可通过政府采购、授权经营、补贴优惠等多种措施引导私人部门参与公共产品的生产，从而提高资源配置效率（程浩、管磊，2002）。

老年人在年轻时为家庭和社会作出了贡献，理当在年老体衰时享受养老服务，这是非排他性的重要体现。根据上述观点，养老服务属于准公共物品，目前养老服务总体上的供不应求、机构养老服务的竞争性特征使得政府、市场和非营利组织共同成为机构养老服务的供给主体。

供需平衡是社会资源优化配置的重要表现，供过于求会造成资源浪费，供不应求是供给无法满足需求。私人产品可按市场规律来优化资源配置，而准公共产品的供给不仅要考虑政府和社会力量等供给主体的作用，同时还要兼顾经济效益和社会效益。因此公共物品的供需要从宏观层面来考虑多种因素，注重数量、结构、质量等多方面的匹配平衡，以优化资源配置，满足公众需求。

四 福利多元化理论

福利多元化（Welfare Pluralism）兴起于20世纪80年代。该理论范式强调要在政府和市场之外动员全社会力量，以便实现福利供给主体的多元化。罗斯（Rose）在1976年提出福利多元组合理论，主要采用三分法进行阐述。他指出市场、家庭和国家这三个部门是福利供给的共同责任方，三者相互合作、彼此补充，三者提供的福利整合成社会福利整体。之后，伊瓦斯（Evers）基于罗斯的分析框架运用福利三角的研究范式对福利多元化理论进行了拓展，称家庭、经济（市场）和国家为福利三角，指出要结合文化、经济、社会和政治的背景对其进行研究分析，并将其明确对应为组织、价值和社会成员关系。约翰逊（Johnson N.）又在三分法的基础上增加了志愿组织作为福利多元主义四分法的分析方式（李全利，2014）。总之，福利多元化理论强调社会福利来源和责任主体不应该仅包括政府，而要实现多样化，让市场、家庭、志愿机构等多个部门积极参与，扩大社会福利的覆盖面（彭华民、黄叶青，2006）。该理论强调分权和参与，主张以政府为主导，积极调动营利组织、非营利组织、家庭和社区等社会各界的福利供给参与作用，以提高整合效用（祁峰，2014：88）。

养老服务是社会福利的重要组成部分，社会福利多元化思想推动了我国养老服务供给体制的改革进程。在福利多元化理论的指导下，20世纪80年代，我国实施了"社会福利社会化"政策，强调要在政府掌舵作用下，积极动员社会力量共同承担福利供给，这打破了过去由政府和单位包办的福利供给局面，实现了养老服务供给主体的多元化发展，提高了老年福利供给效率，实现了"救济型"福利向"福利型"福利的转变。在该政策的影响下，大量民办养老机构纷纷涌现，且发展速度较快。但限于民办养老机构先天不足和后天政策支持的缺乏，其发展水平与公办养老机构相比仍存在较明显的差异。

五 供需平衡理论

供需平衡理论是经济学中的重要理论。按照A.保罗·萨缪尔森、威廉·D.诺德豪斯（1996）的观点：某一产品的市场供需力量在市场机制作用下达到了平衡点，供需双方实现了均衡价格和均衡数量。在日常生活中，如图2—1所示，供（曲线S）需（曲线D）两方面均对产品的市场均衡状态（点E）产生影响，首先由不均衡向均衡过渡，再向不均衡方向发展,如此循环。纵轴 P 代表产品价格,横轴 Q 代表产品数量。需求的影响因素主要有价格、收入、主观偏好、个人预期等,而供给的影响因素主要有技术、投入和产品价格、预期等。

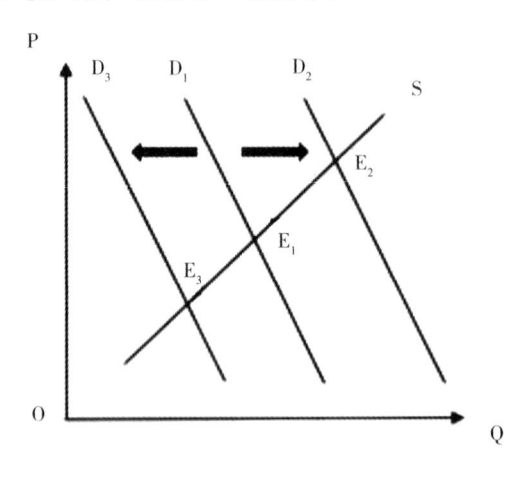

图 2—1 供需平衡理论

对公共物品来讲,机构养老服务的供给数量和价格的供给水平也要与公众需求相适应,才能实现供需均衡,主要包括林达尔均衡、庇古均衡、萨缪尔森的一般均衡等。瑞典经济学家林达尔(Lindahl)通过将公共物品供给的政策过程与其成本分担机制相结合来分析公共物品的局部均衡状况:基于个人偏好维持不变的假设,将"备选方案"进行权衡取舍,进而明确供给水平以及成本分摊份额,并在对各方案进行筛选比较后逐步形成"群体偏好",最终形成以"群体偏好"为导向的公共物品供给模型,达到对"备选方案"的集体同意。林达尔均衡(Lindahl equilibrium)是公共产品的消费者个体对其供给水平以及它们之间的成本分配通过议价实现的一种均衡状态。

英国经济学家庇古(Pigou)最早研究了如何在私人产品和公共产品间实现资源配置优化,找到了个人在其预算内进行理想配置的均衡点,该均衡被称为"庇古均衡"。基于基数效用理论和功利主义方法,庇古均衡分析了个人的公共物品支付成本。为获得公共物品带给自己的正效用,个人就要支付税收成本,虽然这种效用在消费过程中是递减的,而个人支付也成了公共物品的负效用。最后,公共物品的供给与个人支付成本达到了均衡。基于效用基准，萨缪尔森通过对公共产品和私人产品的分析，假设存在万能的计划者以及每个居民对于公共产品偏好的准确表达，提出公共产品供给资源的一般均衡条件。由此可见，要基于个人需求与偏好实现公共产品供给均衡（闵琪，2011）。

机构养老服务的供给和需求，也会在动态变化中达到一种均衡状态。随着 65 岁以上老年人口数量的不断增加，其对机构养老服务的需求也在不断扩大，而每百名 65 岁老人所拥有的养老床位数、养老机构的机构数、床位数和职工数等代表着此项服务的供给水平。本书在供需平衡理论框架的指导下，对山东省机构养老服务需求和供给的现实情况进行分析，同时关注有效需求程度、供给的公平性等问题，旨在人口老龄化不断加速发展、家庭养老功能日益弱化的大环境下，推进山东省机构养老服务事业的良性、长期、可持续发展。

第三节 文献综述

一 机构养老服务

国内学者对于机构养老服务的研究，主要围绕着机构养老的必要性、机构养老的意愿、机构养老服务的供给等问题而展开。

21 世纪以来，机构养老的发展逐渐呈现必然性等趋势。于潇（2001）认为，随着老龄化程度的加深、社会的不断进步、独生子女家庭的增多以及代沟的加深，传统的家庭养老职能开始逐渐由社会上的专业化部门——养老机构来承担，机构养老有其出现的必然性。陶开宇（2005）将这种必然性归结为老年人口、家庭结构变化以及社会养老观念等因素所共同导致的结果。

机构养老意愿分为"推"和"拉"两方面，即老年人个体状况的"推力"和养老机构服务的"拉力"。针对老年人口，有关研究表明其机构养老意愿的影响因素主要包括个人身体状况、性别、文化程度、观念、经济收入和生活习惯等（龙书芹、风笑天，2007；赵迎旭、王德文，2007；焦亚波，2010；周宇，2010）；对于养老机构服务，机构的服务态度、环境、配套设施、入住费用、工作人员专业性和态度等因素都会影响老人的机构养老意愿（王世军、薛宏，2006；丁华、徐永德，2007）。

机构养老服务的供给研究主要包括供给主体的变化、政府和市场的角色定位、符合时代特征的"创新"供给等方面。陈武雄（1998）主张将社会福利供给社会化。潘昭佑（2010）的研究则指出，政府、社会、个人的共同参与是目前社会福利供给的基本形式，即"民营公助"型养老机构，而"民有民办"则是未来所趋。唐咏（2010）认为，政府应不再直接提供服务，而是组织、管理并购买养老机构提供的服务。王婷等（2010）修正了"市场"在养老机构发展中所处的位置，指出市场的趋利性有可能造成社会公平的损害，因此还需要政府来直接提供服务或者进行管制。

二　养老机构

作为机构养老服务载体的养老机构，其发展的现状同样受到很多学者关注。对于养老机构的研究主要集中在对养老机构发展的现状与存在问题的描述、面临困境的分析，以及在微观层面上对其工作人员所开展的调查等方面。

周云、陈明灼（2007）利用宏观数据分析了1989年以来我国养老机构的数量变动情况，发现机构数没有过多增加，但床位数却在不断增加。唐钧、王婴（1999）的研究显示，实际床位数存在一个很大的缺口，养老服务设施的建设亟须进一步完善提高。

在养老机构的发展中，不仅其硬件条件方面需要提升，软件（如服务、护理人员等）也面临着一定问题。傅桦（2000）指出，目前养老机构的服务内容单一，仅停留在物质生活层面，对老年人的精神世界却较少关注。穆光宗（2012）也认为，目前养老机构存在功能单一、缺乏精神慰藉、护理人员专业化水平不高等问题。蒋高霞等（2017）综合分析比较了我国养老机构在基础设施、服务与收费、性质上与国外养老机构所存在的较大差距。但与此同时，养老机构也在不断发展中实现自我更新，出现了"候鸟式"和"医养结合"等新型养老模式，这也是对老年人因个体不同状况而存在不同需求的积极回应。

三　机构养老服务需求

国外关于机构养老服务的需求与供给的研究较早，成果也较多。国内的相关研究相对起步晚，研究薄弱。但大都围绕供给与需求两个方面来开展研究。具体到需求，主要侧重研究老人对入住养老机构的选择意愿、服务需求以及相关影响因素等。

1. 国外机构养老服务的需求

第一，老年人选择养老机构的意愿。

20世纪70—90年代，国外学界主要从内外两个方面来开展此主题的研究。年龄大、身体差、享受医疗救助计划、子女数量少或无伴侣的男性老年人更倾向于选择养老机构。Kemper P.、C. Murtaugh（1991）通过调查发现，美国4%的65岁以上老人有入住养老机构的意愿，其中85岁以上老人的入住意愿比例为17%。Krauce（1976）、Greenberg（1979）等指出，个体特征、身体以及家庭经济情况是影响老人选择养老机构的重要因素。Wolf R. S.等（1978）的研究结果显示，个人特征中的性别、年龄、身体状况会影响老人对养老机构的选择意愿，且其需求随年龄增加和健康状况下降而逐渐增强。James D.（1998）等通过对美国老人长期护理需求的调查数据库分析指出，对于入住养老机构的免费人员，他们的子女数、伴侣和身体自理情况等因素影响其入住。其中，性别还影响自费人员的选择，男性的选择意愿更强。Jang（2008）等的调查指出，韩裔美国老人入住养老机构的比重近一半。Thomas Boggatz（2009）等通过Logistics模型分析指出，对接受非家庭成员的照顾心怀愧疚在一定程度上会影响老人选择机构养老服务的需求。Harrington C.、Wolf R. S.等（1987）指出，性别、年龄、身体和他人照顾情况会影响老人的机构养老需求以及对城市公共养老机构的需求。女性、年龄大、身体自理程度差的老年人更青睐养老机构。其中，性别不形成影响老人选择城市公共养老机构的重要因素。Anedrsen（1995）通过研究指出，家庭结构的变化、老人的养老需求是老人选择养老机构的重要促进因素，而老人对晚年生活和护理质量、照护经济支付的忧虑等是阻碍因素。

第二，老人对养老机构的服务需求。

Dr. Ian Philp、William J. Mutch（2004）指出，养老机构的管理与服务因素影响入住老人的照护效果以及多层次需求的满足状况。

2. 国内机构养老服务的需求

对机构养老服务需求的研究集中表现在对养老机构的入住老人特点、

养老机构和政府方面的关注上。

第一，机构入住意愿以及影响因素。程远等（1999）基于调查指出，老人存在入住养老机构意愿的占5.7%。复寿劳（1997）指出，入住社会养老设施意愿的老人占4.5%。宋宝安（2006）通过建立模型指出，有5%的老年人选择养老机构。龙书芹、风笑天（2007）指出，5.09%的城市老人有社会化机构养老意愿。初炜、胡冬梅等（2007）通过调查指出，在1200名60岁以上老人中，有入住机构意愿的老人比重为11.2%。苏丽惠、董沛等（2010）通过对河北石家庄和保定1500名60岁以上老人的调查发现，两地有入住养老机构意愿的老人比重分别为12.1%和7.77%。韦云波等（2010）在贵阳的调查中发现，60岁以上老人中有入住机构意愿的占7.2%。陈翠莲、姚兆余（2010）发现，农村老人中有入住养老机构意愿的比重为6.7%。王洪娜（2011）以山东农村居民为例指出，老人入住养老机构的期望比例为34.6%。

第二，机构养老意愿的影响因素。

程远等（1999）指出，个人的年龄、婚姻、教育、收入等特征显著影响老人的养老意愿。唐钧、王婴（1999）指出，身体自理程度显著影响老人入住养老机构的意愿。一般情况下，自理程度较差的老人入住意愿更强。李芹、孙艳艳（2001）通过研究发现，高龄、自理程度差、丧偶独身的老年人入住养老机构的较多。谢钧、谭琳（2000）通过对天津的调查发现，男性、高龄、生活不能自理、家庭人口少、收入与住房条件差的老人入住养老机构的比例较高。初炜、胡冬梅等（2007）的研究发现，收入和年龄较高的老人选择机构养老的意愿更强。丁煜、叶文振（2001）指出，男性、低龄、受教育程度高、有配偶、有一个孩子的城市老人对非家庭养老方式的选择意愿更强烈。

刘红（2009）在研究中发现，个人经济条件、所持的传统养老观、对机构服务质量的担忧是影响老人入住养老机构的重要因素。赵迎旭、王德文（2006）在对福州1767位老人调查的基础上指出，经济因素是影响城市老人选择养老机构的必要因素。刘同昌（2002）指出，城市老年人入住比例与年龄成正比，同时还受到养老机构方面的影响。戴维、铃木博志等（2012）以北京为例的研究指出，"离子女居住地近"是老人选择养老机构的重要因素。

廖楚晖（2014）在从政府行为分析居民的机构养老意愿研究中指出，养老制度的运行和社会支持政策显著影响居民的养老意愿，而在两者之间发挥部分中介作用的是对机构服务的监管。穆光宗（2000）指出，代际生活方式的差异、"空巢老人"数量的增加、现代化的生活方式、商品房的居住形式等因素催生了老人的机构养老意愿。狄金华、季子力等（2014）发现，村庄的宗族结构和功能影响了农村老人的机构养老意愿。对于没有宗族网络、宗族服务功能较弱、家庭社会经济地位处于下层的农村居民，其入住意愿更高。黄俊辉、李放（2013）通过研究发现，农村老人的年龄、健康、收入、现有子女数、晚年生活质量等因素影响其入住养老机构的意愿。

第三，老年人对养老服务内容需求的研究。

风笑天（2006）提出，老人应树立自养理念，独立自强，以减少对子女的依赖。但老人在医疗、护理等方面的专业化服务需求无法依靠自己和家庭养老来满足，而要依靠社会化的养老机构来提供。

按照马斯洛的需求层次理论，老年人的需求也有多个层次，既有生活照料需求，也有精神心理需求。付诚、王一（2010）指出，因机构养老服务对象的扩大，老人对机构养老服务的需求也日益多样化。吕新萍（2004）指出，老人需求主要表现在精神交流及生活习惯的保持上。迟向正（2008）指出，入住养老机构的老年人其精神慰藉方面的愿望更迫切，情感依赖性更强。王世军、薛宏（2006）指出，养老机构的服务、老人在养老机构的互动以及与家人的互动会影响入住老人的生活满意度。陈翠莲、姚兆余（2010）指出，农村老人对机构养老服务的需求主要表现在生活照料、精神文化、陪同医疗等方面。周宇（2010）指出，养老机构的入住老人存在减轻子女负担以及扩大自身社交的心理需求。

四　机构养老服务供给

欧美发达国家的老龄化进程开始早，老年人的社会福利条件也相对较有保障，养老机构发展较完善，其相关研究也较丰富，多集中在机构养老服务供给、服务效率与质量等方面（赵娜、方卫华，2016）。

1. 国外机构养老服务的供给

第一，养老机构的服务供给。

国外关于这方面的实证调研较多。据美国国家卫生统计中心针对6628所170万张床位的专业化养老机构所进行的一项调查显示，老人的入住率为86.3%。其中自费人员、医保计划及医药计划支付人员所占比重分别为46%、35%。公办、福利性、收益性养老机构所占比重分别为7.7%、30.8%和61.5%（Jones A. L.、Dwyer L. L.、Bercovitz A. R.，2004）。Turrell（1998）指出，独立养老护理机构因服务水平较低、缺乏专业人才和服务标准而不能满足老人特殊的长期照护服务需求。Timothy（2009）指出，城市公共养老机构为入住老人提供医疗和口腔护理服务、死前慰藉和关照业务。Shafik Dharamsi、Khairun Jivani（2009）通过研究发现，美国的养老机构为老人提供临终关怀和口腔服务。Tom Schaal等（2015）通过对德国542所养老院的数据分析发现，老人入住率超过50%，但与入住费用和服务质量无关。

第二，养老机构的服务质量与效率。

对机构养老服务效率的评价主要有数据包络分析、多元回归模型、Logistic回归模型和Tohit模型等统计学方法。Ozcan（1998）将数据包络分析和Logistic回归模型相结合来评价美国养老机构的运行效率和影响因素。Bjorkgren（2001）在对芬兰64所养老机构进行调查的基础上指出，养老机构服务效率受管理水平和资源配置状况的影响。一般而言，管理水平高、规模大、资源配置优化的养老机构其服务效率也高。Garavaglia G.（2011）通过研究发现，所有权影响养老机构的运行效率，私立优于公立。Grabowski D. C.（2004）指出，在美国，增加医疗补助有助于养老院服务质量的提升。Dr. Ian Philp（2004）指出，个人对护理服务的依赖程度、机构的体制机制以及服务人员的精神状态是影响养老机构入住老年人护理效果的影响因素。John S.、Mc Alearney（2006）指出，为提高养老机构的护理服务质量，养老机构要和医疗机构建立长期合作关系。Su-Hsien Chang等（2006）在构建养老机构和学术机构合作模型的研究基础上指出，通过学术机构人员参与临床实践的途径有助于老人晚年生活质量的提升。Mueller C.、Arling G.、Kane R.等（2006）认为，护理人员是影响养老院服务质量和老人生活质量的重要因素。Castle N. G.（2008）指出，养老院的低护理水平源于护理人员数量的配备不足。Giulia Garavaglia等（2011）指出，养老院的劳动力成本管理能力对其服务质量起决定作用，有效的劳动力成本控制策略有助于护理质量和效率的提升。Daniela Cristina Iovita（2012）等通过对养老机构的调查研究指出，要在立法步骤、员工培训等方面努力以促进其服务质量的提升。Beate André R. N. 等（2014）指出，养老院良好的工作氛围可通过提高员工满意度来促进，从而提高服务质量。Hillel Schmid（2004）提出，政府应该通过出台政策、重视服务人员培训、加大培训投入等措施来提升养老服务质量。Shafik Dharamsi、Khairun Jivani（2009）指出，服务人员数量不足、服务培训少、服务标准不规范是制约养老机构口腔护理服务水平提高的重要因素。Donabedian（1988）指出，养老机构服务质量的"SPO"三因素模型测定指标包括机构软硬件设施条件等结构要素、服务项目涉及事项等过程要素以及对老人产生的影响等结果要素。Kane（1988）指出，要基于入住老人在身体、生活、认知、社会活动的能力以及满意度等方面来构建养老机构服务质量的评价指标。

第三，养老机构的供给主体。

英国经济学家亚当·斯密（Adam Smith）在其《国民财富的性质及原因的研究》一书中，较早地开启对社会福利社会化的理论研究。他指出，要通过发挥市场机制的作用来提高社会福利水平。"二战"后，关于社会福利社会化的探讨逐渐增多，大部分观点都认为养老服务具备公共性、福利性、非营利的性质。Rose（1986）指出，社会福利的发展方向是社会事业，为弥补政府提供服务的弊端，市场要参与福利供给。城乡机构养老服务供给不足的差异源于两者供给制度的不同。Robert（2000）提出，政府要发挥引导和监督作用，与社会化主体合作共同参与养老服务资源的供给。Franks J.（2002）指出，为提高养老服务质量，政府要减少养老服务的直接供给而增加对服务的监管。Salamon（1981）指出，政府应在非营利组织作用发挥不足的前提下直接参与公共服务的供给。

2. 国内机构养老服务的供给

目前来看，国内关于养老机构发展中的供给主体、运营模式、问题与对策等方面的研究较多。

第一，机构养老服务的供给主体。

政府、市场、行业组织和家庭是社会福利服务的供给主体。各主体之间的关系如何明确定位并实现平衡是学者们所重点探讨的问题。

政府要在养老机构发展中发挥主导地位。李绍纯、余翰林（2010）指出，政府在民办养老机构中的主导责任主要表现为培育、引导、扶持、兼顾、管理与控制等作用。高岩、李玲（2011）指出，政府要发挥在社会福利供给中的主导作用，为完善民间组织可采取政策支持和优惠措施。梁鸿、程远等（2003）指出，在养老机构发展中，政府要全面发挥其"保基本"、政策引导社会参与的重要职责。刘峰、邹鹰、黄峰梅、杨文俊等（2004）则强调了我国政府在民办养老机构发展中的政策强化、资金扶持与服务供给职责。王宏火（2012）指出，政府的职责应该具体定位到保障资金、营造政策环境和监督上来。刘晓颖（2014）指出，政府的角色要实现从"划桨者"向"掌舵者"的转变。

其他主体要在政府的主导作用下，各司其职，相互协作。养老机构作为市场竞争中的养老服务提供主体，需要接受公共资助和监管。洪学错（2007）指出，要成立养老服务行业协会，推动养老服务管理模式的改革进程，规范养老机构的发展。赵婷婷（2012）提出，要积极发挥行业协会对养老机构的专业指导、服务评估监管、仲裁等作用，做好政府与养老机构的"桥梁"和"纽带"。此外，还应注重家庭作用的发挥。

第二，机构养老服务的市场化进程。

目前，国内关于这方面的理论探讨较多。何妮娜（2006）指出，随着市场化改革的不断深入，养老机构也必须顺势而为，根据养老本身以及社会发展的要求实现社会化发展。刘轶宏（2014）指出，养老机构市场化改革随社会福利社会化进程而不断推进，其投资主体也日益多元化，这有助于增加养老服务供给和提高公办养老机构的运营效率。福利供给多元化决定了养老机构运营方式的多样化。张增芳（2012）指出，养老机构要通过改革实现市场化、多元化发展，在完善中提高养老服务水平。黎剑锋（2014）指出，养老服务供给中的民间资本注入使得民办养老机构在福利供给多元体系中的作用越来越突出。严浩（2004）指出，民间资本可采用"民办公助""公办民营"的经营模式投入养老服务领域。杨团（2011）将我国的养老机构按照运营方式的不同分为"公民共建"或者"公民合资""公建民营""公设民营""民办公助""特许经营"或者"项目购买""公办民助"等六种。邱刚（2007）以上海市为例指出，养老机构的社会化发展缓解了养老机构的供需矛盾和社会养老压力，并促进了资源配置优化以及政府职能转变。徐祖荣（2014）指出，由于养老服务对象的日益扩大化，其差异化、个性化和多样化的需求突出。

第三，养老机构发展供需现状与问题。

吴玉韶、王莉莉、孔伟等（2015）指出，我国养老机构发展的成就主要体现在政策制度、投资主体、数量规模、服务人员设施等方面，但也凸显了一些问题，亟待解决。

（1）宏观供需不平衡，资源利用率低。

唐钧、王婴（1999）认为，全国社会养老机构需求与供给缺口在200万—300万张之间，供需矛盾较突出。阎青春（2007）、李蔚（2008）指出，相对于老年人需求，养老机构数量少、质量差、增速慢。养老机构市场化的发展定位使最需要照料的老人难以承担费用。梁鸿、程远等（2003）指出，养老设施供求不平衡。何文炯、杨翠迎等（2008）以浙江城市公共养老机构为例指出，养老机构供不应求的矛盾突出与结构布局不合理并存。刘红（2009）指出，日益扩大的老人机构养老需求与有限的社会福利床位供需矛盾突出，且入住老人比例以及床位利用率较低。陈友华（2004）以南京市养老机构为例指出，老年福利床位供给不足与收费偏高的问题突出。穆光宗（2012）指出，供不应求、住不起、住不满是目前我国养老机构发展的主要矛盾。陈友华等（2016）、周云（2007）、关信平等（2012）指出，城市养老机构存在数量供给不足、现有资源利用不足等问题。

（2）供需地区差异大、养老机构内部供给不平衡。

周云、陈明灼（2007）指出，我国养老机构的发展地区差异大。一般情况下，老年人口总数、经济发展水平较高的地方，其养老机构发展水平也相对较高。潘昭佑（2010）通过对昆明与上海的比较指出，上海养老机构在数量、入住人员与床位比例、管理体制、政策、人才等方面的发展水平高于昆明。阎志强（2011）指出，广州养老机构在区域分布上不均衡。

赵婷婷（2012）指出，由于所有制性质不同而带来的享受政策差异，民办和公办养老机构发展不平衡现象较突出，公办养老机构供给不足与民办养老机构的服务质量难以保障的问题并存。陈雪萍、章冬瑛等（2008）以杭州为例指出，公办与私办养老机构的入住率差异在30%—98%之间。

由于民办养老机构医疗服务配置与设施不如公办,因此入住率更低。常宗虎(2000)通过实地调查指出,青岛、大连、佛山、北京之间不同所有制性质的养老机构存在入住率差异,且入住率不高与排队现象同时存在。冯占联、詹合英、关信平等(2012)通过对南京和天津的实证调查指出,地区间养老机构以及民办与公办养老机构之间发展不平等。相比而言,公办养老机构在政府投入、平均规模、入住率和入住老人健康程度上均优于民办养老机构。陈贝(2014)以广州为例指出,公办和民办养老机构发展存在不平衡现象,民办养老机构床位入住率低、补贴少,而公办养老机构收费较低。姜向群、丁志宏等(2011)指出,城市民办养老机构存在资金、规模、养老方式等发展问题,公办养老机构存在福利享受不当、性能服务与资金周转低等发展问题。

(3) 养老机构供给存在政策、资金、管理等困境。

于潇(2001)指出,缺乏规范、无序竞争、优惠政策不足是阻碍我国养老机构发展的重要因素。黄健元(2011)指出,政策制定滞后、灵活性差、落实不够等因素致使养老机构面临资金、规模等发展困境。钟德杨等(2014)指出,养老机构行业整体投入不足的现象较突出,再加上低收费、高成本使得许多养老机构因经营状况欠佳而无法发展壮大。周清(2011)指出,扶持养老机构发展的财税政策存在政策定位、政策落实、财政补贴力度等问题。黄燕芬(2010)指出,我国养老机构现行财税政策存在系统性差、滞后性、公私养老机构有别、财税对象界定不清等问题。贾素平(2016)指出,优惠政策、资金支持、管理理念、管理制度、行业标准是推动民办养老机构进一步发展所必须强化的重要方面。崔树义、田杨(2016)基于山东省的调查指出,养老机构的发展存在政策落实难、监管不力、服务质量有待提高等问题。

(4) 养、护、医、送等功能结合不够,服务层次有待提高。

穆光宗(2012)指出,我国养老机构服务项目不丰富,多以"养老"服务为主,医疗康复护理与精神慰藉的服务项目较少,服务层次有待提高。张涛、侯淑肖、彭嘉琳(2005)指出,与老人的养老需求和国外先进的护理标准相比,北京养老机构的服务内容和范围较狭窄,服务质量相对较低。桂世勋(2001)指出,由于我国养老机构的发展缺乏功能定位,因此其个性化、多样化服务提供相对不足。刘建民(2010)在对南宁市的养老机构进行调查的基础上指出，多数养老机构仅限于"吃住医"等基本需求，四分之三的养老机构无医护资源配备，老人个性化和专业服务需求满足受限。李芹、孙艳艳（2001）的研究发现，养老机构的入住老人对生活照料满意度较高，而对娱乐精神文化等服务相对满意度较低。另外，机构养老还缺乏家居认同和亲情关注。穆光宗（2012）认为，机构养老心理慰藉、亲情化服务应该进一步加强。

（5）人才缺乏，服务人员专业化和职业化水平不高。

孙唐水（2011）指出，照护人员素质是影响老人生活质量的直接因素，进而成为影响老年福利事业发展的重要因素。阎青春（2007）、李蔚（2008）、陈友华（2016）指出，养老机构护理专业人员的缺乏不足以满足老人的专业化服务需求。穆光宗（2012）、钟德杨等（2014）、陈贝（2014）指出，养老机构专业化人才极其缺乏，职业化发展受限。员工数量不足、福利待遇低、队伍稳定性差、性别结构不合理、专业知识和技能缺乏等问题的存在严重影响了养老机构服务质量的提高，无法满足老人多样化需求。王洪娜（2011）以山东农村的调查为基础指出，养老机构的人力资源存在数量缺乏、供给结构不合理、整体文化素质和专业化素质较低的问题。曹梅娟等（2008）的研究发现，城市养老机构服务人员专业化知识和技能相对缺乏。陈友华（2004）以南京为例指出，养老机构的管理与服务人员专业化程度均不高。

第四，养老机构供需平衡的对策。

（1）强化建设和发展布局规划，推动养老机构均衡发展。

邰波（2014）指出，要通过完善服务评估机制、制定规划建设方案实现养老机构建设的有效性。钟德杨等（2014）提出，要通过实现养老机构连锁化经营、改变传统养老观、提高养老机构的自身发展水平等措施促进养老机构的供需平衡。关信平、赵婷婷（2012）指出，要强化政府在养老机构数量、规模和布局上的统筹规划作用，以应对养老机构发展中的问题。陈友华（2004）建议，要从国民经济和社会发展规划的角度来统筹老年社会福利设施的建设，进一步推动养老机构可持续发展。张增芳（2012）指出，要将养老机构建设纳入城市建设规划布局，构建养老网络体系。

（2）完善配套政策，强化法制保障。

十潇（2001）指出，政府要制定金融、医疗、税务、土地等方面的相关优惠政策以及完善相关行业规范和标准，为养老机构的发展创造良好条件。陈友华（2004）指出，要在用地、用房、税收、设施收费方面给予养老机构的发展提供优惠政策，推动养老事业发展。关信平、赵婷婷（2012）、阎青春（2007）指出，要进一步完善各项优惠政策，提高政策的可操作性，并协调各部门职责强化落实。李蔚（2008）、钟德杨等（2014）、郜波（2014）指出，要进一步完善促进养老机构多元化发展的配套政策，继续细化扶持政策并加强落实，同时要完善服务规范化和标准化建设，强化服务监管。关信平、赵婷婷（2012）还提出建立长期照护制度的建议。

（3）增加财政投入，并实行分类管理。

冯占联、詹合英、关信平（2012）指出，要均衡公办和民办养老机构的发展，合理分配资源，维护社会公平。关信平、赵婷婷（2012）指出，要通过扩大政府资金规模、增加资金投入的针对性、完善保障机制等措施推动民办养老机构的发展，并注意区分其性质。吴玉韶、王莉莉、孔伟（2015）指出，要进一步完善养老机构分类标准和评估机制，调整养老机构的发展结构，促进各类养老机构的均衡发展。刘岚、陈功、郑晓瑛（2008）指出，要进一步明确养老机构的功能分类，加强对养老机构的管理。

（4）加强人才队伍专业化、职业化建设，提升服务质量。

陈友华（2004）、李蔚（2008）、张增芳（2012）提出开展对养老机构人员的专业培训以提升其专业素质和技能的建议。周留建（2008）、郜波（2014）指出，要通过加强工作人员的专业培训、加大相关财政投入力度以及强化人员管理来提升养老机构的服务质量。

（5）争取各方支持，推动养老机构的多元化、产业化、市场化发展。

阎青春（2007）指出，社会化、专业化和规范化是养老机构的发展方向。姜向群、丁志宏等（2011）指出，社会化、产业化是养老机构发展的必由之路，要进一步扩大资金来源。刘岚、陈功、郑晓瑛（2008）指出，要鼓励社会各界参与养老机构的建设和发展，实现养老机构发展的多元化和社会化。钟德杨、刘晶晶（2014）指出，充分发挥社会服务团体和民间组织在养老机构发展中的作用是推动养老机构社会化、市场化发展的重要途径。穆光宗（2012）指出，要积极鼓励多元投资，进一步扩大机构养老规模，从而延长养老产业链。关信平、赵婷婷（2012）指出，要强化政府和社会的支持作用，进一步促进民办养老机构的发展。穆光宗（2012）指出，加强养老机构、家庭和社会三方的支持与合作有助于实现"品质养老"。葛稣、班晓娜（2014）指出，要充分调动志愿者等潜在资源力量投入养老事业的发展。

（6）加强社会宣传，培育新型养老观。

于潇（2001）指出，要加强社会宣传，倡导人们树立新型养老观，同时支持老人参与社会生活和公益活动。刘红、张妍蕊（2008）指出，要多为民办养老机构做正面宣传，提升其社会认同度，同时积极鼓励老人发挥社会参与作用。吴玉韶、王莉莉、孔伟等（2015）指出，要通过建立长期照护制度和完善现有制度提高老人对机构养老的有效需求。

近年来，国内关于养老机构的研究日益增多，很多学者作出了理论和实践的探索，推出一些研究成果，为以后的研究积累了宝贵的文献资料。研究角度主要从供给和需求两方面来开展，前者涉及养老机构的数量、功能、布局、结构等方面，后者多集中在入住老人的机构养老需求等方面，研究主题相对比较广泛，研究方法既有定性也有定量。

但应该看到的是，目前的研究还存在一些问题。学科领域上，界定不够分明，未能从某一个学科来开展深入研究；研究角度上，笼统的综合性分析较多，不够细致；研究内容上，多视角的深入分析不够；研究方法上，定性居多而定量较少；研究内容上，经验介绍多，理论性学术探讨不多；研究区域上，关于全国的研究较多，地区研究较少且相对不够深入。

因此在研究视角上，要加强各学科、各视角的综合探讨；在研究内容上，要在实证基础上开展理论层面的研究；在研究内容上，要不断扩大相关研究范围；在研究方法上，要坚持定性与定量研究相结合、横向与纵向研究相结合、个案研究与比较研究相结合（吴玉韶、王莉莉，2015：16－17）。

第三章 山东省人口老龄化的发展状况及地区差异

20世纪70年代实施的"计划生育"政策在较短的时间里迅速降低了我国的人口出生率，控制了整个社会的人口规模。伴随着经济社会的发展进步、人口平均预期寿命的延长，山东省用了30年实现了现代型人口增长模式。根据国际通行标准（60岁以上老年人口占总人口比重超过10%），山东省于1994年就已经达到人口老龄化社会的标准，早于全国5年（蔡燕，2015）。2010年，山东省65岁以上老年人口总量达942.97万人，老年人口规模位居全国第一。

第一节 山东省人口年龄结构的总体情况

一 山东省人口年龄结构向老年型演变

首先，分析山东省历年人口结构的变化情况，主要以1953年以来的数据为依据，详见下表（表3—1）。

表3—1　　　　山东省人口年龄结构变动　　　　单位：%

年份	0—14岁	15—64岁	65岁以上	年份	0—14岁	15—64岁	65岁以上
1953	36.4	57.3	6.3	2006	15.3	74.7	10.0
1964	40.9	54.7	4.5	2007	15.0	74.8	10.2
1982	31.0	63.4	5.6	2008	15.6	74.1	10.3
1990	26.6	67.2	6.2	2009	15.7	73.9	10.4
1995	24.6	68.0	7.4	2010	15.7	74.4	9.9

续表

年份	0—14岁	15—64岁	65岁以上	年份	0—14岁	15—64岁	65岁以上
2000	20.8	71.1	8.1	2011	15.7	74.3	10.0
2001	20.4	71.4	8.2	2012	16.1	73.5	10.4
2002	18.8	72.7	8.5	2013	16.1	72.9	11.0
2003	18.4	72.6	9.1	2014	16.4	72.0	11.6
2004	17.1	73.7	9.2	2015	16.6	71.2	12.2
2005	15.9	74.1	9.9	2016	16.4	70.4	13.2

资料来源：1953年、1964年数据来自王伟伟：《山东省人口老龄化及养老模式研究》，硕士学位论文，山东师范大学，2002年；其余来自《山东统计年鉴2017》。

由上表可见，1953年以来，山东省人口年龄结构经历了1953年的成年型、1964年的年轻型、1982年的成年型和1995年的老年型等几个不同的演变阶段。2000年，全国老年人口系数超过了7%，低于同期山东省的水平（8.1%）。与此同时，自1953年以来，山东省的老少比总体呈现不断上升的趋势，从1953年的17.33%升至2010年的62.56%，详见下图（图3—1）。

	1953年	1964年	1982年	1990年	2000年	2010年
老少比(%)	17.33	11.01	18.04	23.42	38.54	62.56

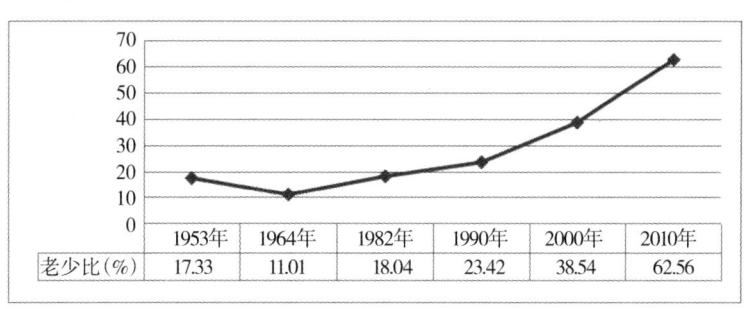

图3—1　历次人口普查山东省老少比变动

资料来源：蔡燕：《人口老龄化背景下山东省养老保障问题研究》，硕士学位论文，吉林大学，2015年。

其中，2016年的少儿人口系数较1953年下降了20%，而65岁以上老年人口系数却比1953年、1964年分别提高了6.9%和8.7%。由此可见，山东省的人口老龄化发展速度惊人，人口老龄化程度不断加深。

1994年，山东省60岁以上老年人口所占总人口的比重超过了10%。

1995年，山东省65岁以上老年人口所占总人口的比重为7.4%，人口年龄结构已成为老年型。2016年，山东省65岁以上老年人口所占总人口比重已升至13.2%，较之1995年提高了5.8个百分点。山东省历年老年人口系数变化如下表所示（表3—2）。

表3—2　　　山东省历年65岁以上人口所占总人口比重变化　　　单位:%

年份	65岁以上人口所占总人口比重	年份	65岁以上人口所占总人口比重
1953	6.3	2006	10.0
1964	4.5	2007	10.2
1982	5.6	2008	10.3
1990	6.2	2009	10.4
1995	7.4	2010	9.9
2000	8.1	2011	10.0
2001	8.2	2012	10.4
2002	8.5	2013	11.0
2003	9.1	2014	11.6
2004	9.2	2015	12.2
2005	9.9	2016	13.2

资料来源：1953年、1964年数据来自王伟伟：《山东省人口老龄化及养老模式研究》，硕士学位论文，山东师范大学，2002年；其余来自《山东统计年鉴2017》。

山东省人口抚养比的变动趋势如下图表（表3—3和图3—2）。

表3—3　　　　　山东省人口抚养比变动　　　　　单位:%

年份	总抚养比	少儿抚养比	老年抚养比	年份	总抚养比	少儿抚养比	老年抚养比
1982	57.7	48.9	8.8	2007	33.7	20.1	13.6
1990	48.8	39.6	9.2	2008	34.9	21.0	13.8
1995	47.1	36.2	10.9	2009	35.4	21.2	14.1
2000	40.6	29.3	11.4	2010	34.4	21.1	13.3
2001	40.1	28.6	11.5	2011	34.6	21.1	13.5
2002	37.6	25.9	11.7	2012	36.0	21.8	14.2

续表

年份	总抚养比	少儿抚养比	老年抚养比	年份	总抚养比	少儿抚养比	老年抚养比
2003	37.8	25.3	12.5	2013	37.1	22.1	15.0
2004	35.8	23.2	12.5	2014	38.9	22.8	16.1
2005	34.9	21.5	13.4	2015	40.4	23.3	17.1
2006	33.9	20.5	13.4	2016	42.0	23.3	18.8

资料来源：《山东统计年鉴 2017》。

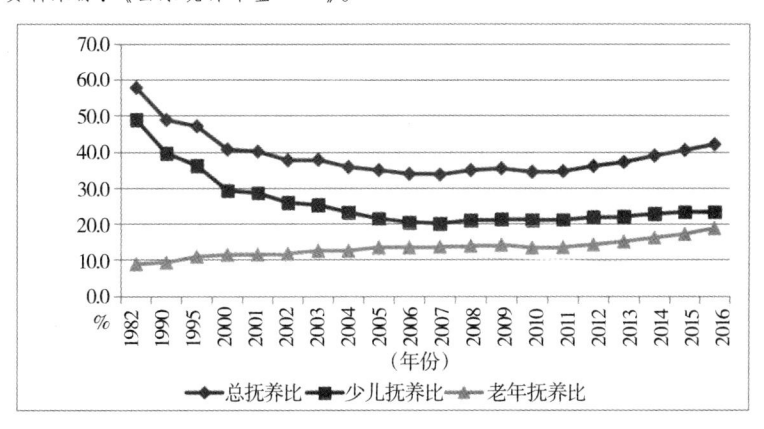

图 3—2　山东省人口抚养比变动

资料来源：《山东统计年鉴 2017》。

由以上图表可见，山东省老年抚养比从 1982 年的 8.8% 上升到 2016 年的 18.8%，在短短 30 多年的时间里老年抚养比上升了 10 个百分点。其间，仅在 2010 年出现了波动，之后仍继续增长至 2016 年。由此可见，山东省人口老年抚养比在不断上升。

二　山东省老龄化程度高于全国水平

在全国范围内，山东省是第七个进入老龄化的省份（蔡燕，2015）。山东省从成年型人口结构跨越到老年型人口结构仅用了 13 年时间，发展速度明显快于全国。在 1964—2006 年这 50 多年时间里，山东省 65 岁以上人口所占总人口的比重从 1964 年的 4.5% 升至 2006 年的 10%，快于一些发达国家（蔡燕，2015）。2016 年，山东省 65 岁以上老年人口所占总人口的比重高达 13.2%，老龄化程度仍在不断加深。

山东省是我国人口大省和老年人口大省。根据 2010 年全国第六次人口普查数据显示，山东省 60 岁以上人口数量位居全国第一，占全国老年人口的 7.93%。而老年人口系数为 9.84%，高出全国（8.92%）0.92 个百分点，居全国第七位。根据 2015 年全国 1% 人口抽样调查数据显示，山东省 65 岁以上老年人口所占总人口的比重为 11.65%，居全国第九位。

将历年山东省的老年人口系数以及年均增长率与同期的全国平均老年人口系数以及年均增长率相比，具体如下图所示（图 3—3）。

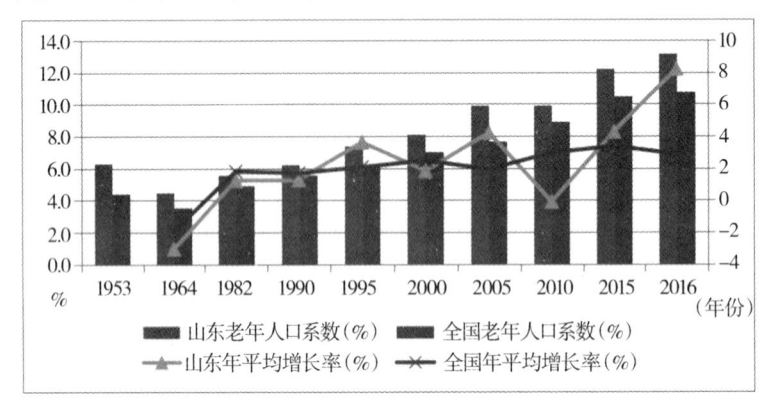

图 3—3　山东省与全国老年人口系数及年均增长率

资料来源：中国数据 1953 年、1964 年来自《中国统计年鉴 2011》，其余来自《中国统计年鉴 2016》；山东部分 1953 年、1964 年数据来自王伟伟：《山东省人口老龄化及养老模式研究》，硕士学位论文，山东师范大学，2002 年；其余来自《山东统计年鉴 2017》。

由上图可见，1964—2015 年，山东省老年人口系数均高于同期的全国平均水平。其中，2005 年与 2015 年，山东省老年人口系数均高于全国 2 个百分点左右。就老龄化增速而言，山东省同样快于全国。2000—2005 年，山东省老年人口系数年均增长率为 4.20%，高出全国 2.28 个百分点。2010—2015 年，山东省老年人口系数年均增长率高于同期全国近 1 个百分点。

就全国范围来进一步考察山东省的老年抚养比与全国平均水平的差别，具体详见下图所示（图 3—4）。

由下图可见，1982—2015 年，山东省与全国人口总抚养比的变动方向基本一致。1982—2010 年间，山东省和全国的人口总抚养比都趋于不

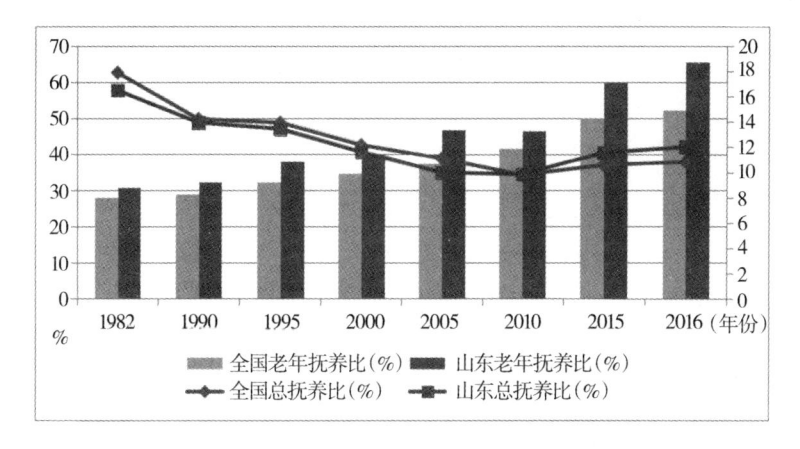

图 3—4 山东省与全国人口抚养比

资料来源：《中国统计年鉴 2016》与《山东统计年鉴 2017》。

断下降，其中 1982—1990 年减速最快，分别下降了 12.8 个百分点和 8.9 个百分点。2010—2015 年间，全国和山东省的人口总抚养比又都呈现上升的趋势，分别上升 2.8 个百分点和 6 个百分点。除 2010—2015 年外，山东省人口总抚养比均低于全国。同期，山东省和全国的老年抚养比变动方向基本一致，山东省一直领先全国近 2 个百分点。

第二节 山东省内部人口老龄化的地区差异

山东省共下辖 17 个地市，由于各地市之间在地理区位、资源禀赋、历史基础等方面存在差异，因而各地市的经济社会发展水平也不尽相同。与各地市不同的发展差异相对应，山东省人口老龄化程度也存在着明显的区域差异性特征。除此之外，城乡二元体制的存在造成城市和农村在居民收入、医疗健康保障、经济社会发展等方面的参差不齐，因而城乡之间的老龄化发展程度也存在较大差异。

一 人口老龄化的区域差异

通过观察 2010 年山东省人口普查数据中各地市的人口年龄结构以及人口抚养比来考察各地区的人口老龄化程度差异，具体如下表所示（表 3—4）（蔡燕，2015）。

表 3—4　　　山东省各地区人口年龄结构以及人口抚养比　　　单位:%

地区	0—14岁	15—64岁	65岁以上	老少比	总抚养比	少儿抚养比	老年抚养比
全省	15.74	74.42	9.84	62.56	34.37	21.15	13.23
济南	13.63	77.22	9.15	67.11	29.51	17.66	11.85
青岛	13.44	76.30	10.26	76.30	31.06	17.62	13.44
淄博	14.58	75.40	10.02	68.73	32.62	19.34	13.29
枣庄	16.34	74.24	9.42	57.64	34.70	22.01	12.69
东营	15.57	75.52	8.91	57.22	32.42	20.62	11.80
烟台	10.97	77.57	11.46	104.39	28.91	14.15	14.77
潍坊	15.16	74.74	10.10	66.62	33.80	20.28	13.51
济宁	17.20	73.36	9.44	54.90	36.32	23.45	12.87
泰安	15.60	74.82	9.58	61.38	33.66	20.86	12.80
威海	10.08	77.85	12.07	119.68	28.45	12.95	15.50
日照	16.26	73.43	10.32	63.45	36.19	22.14	14.05
莱芜	15.78	74.05	10.17	64.44	35.05	21.32	13.74
临沂	18.13	72.01	9.86	54.40	38.88	25.18	13.70
德州	16.65	74.47	8.88	53.35	34.28	22.35	11.92
聊城	16.97	74.31	8.72	51.38	34.56	22.83	11.73
滨州	16.05	74.15	9.80	61.09	34.86	21.64	13.22
菏泽	20.79	69.51	9.70	46.67	43.87	29.91	13.96

资料来源:山东省2010年人口普查资料第635—640页。

第三章 山东省人口老龄化的发展状况及地区差异

就 65 岁以上老人所占总人口的比重而言，由上表可见，山东省 17 地市均已进入人口老龄化社会，且内部差异明显，基本呈现沿海地市高于内陆地市的特征。其中，威海、烟台、日照、青岛等 8 个地市的 65 岁以上老人所占总人口的比重都高于全省平均水平，且除临沂外都超过了 10%。威海的老少比最高，为 119.68%，而菏泽最低为 46.67%，两者之间差异较大。在全省范围内，威海、烟台、青岛等地区的老少比均高于全省平均水平。

就老年抚养比而言，根据山东省 2015 年 1% 人口抽样调查数据，山东省各地市人口年龄构成及人口抚养比如下表所示（表 3—5）。2015 年，山东省人口老龄化程度最高的地市为威海，高达 13.55%，高于最低的济宁（10.60%）近 3 个百分点，高于全省平均水平（11.66%）近 2 个百分点。威海、烟台、日照、菏泽等 8 个地市的老年抚养比均超出全省平均水平，仅有滨州、聊城、济南、菏泽等地市的人口老龄化程度低于全省平均水平。山东省老年抚养比最高的地市仍然是威海，高达 17.33%，高于最低的济宁（14.88%）2.54 个百分点，高于同期山东省的平均水平（16.20%）1.13 个百分点。

表 3—5　　　山东省各地区人口年龄结构以及人口抚养比　　　单位：%

地区	各年龄段人口所占总人口比重以及老少比				人口抚养比		
	0-14 岁	15-64 岁	65 岁及以上	老少比	总抚养比	少儿抚养比	老年抚养比
全省	16.35	71.99	11.66	71.29	38.91	22.72	16.20
济南	14.07	74.63	11.30	80.36	34.00	18.85	15.15
青岛	13.86	74.10	12.05	86.96	34.96	18.70	16.26
淄博	12.59	75.50	11.91	94.56	32.44	16.67	15.77
枣庄	18.80	70.41	10.79	57.39	42.03	26.70	15.32
东营	16.03	71.68	12.29	76.68	39.50	22.36	17.15
烟台	11.71	75.40	12.89	110.01	32.62	15.53	17.09
潍坊	14.82	72.73	12.44	83.97	37.49	20.38	17.11
济宁	18.14	71.26	10.60	58.44	40.33	25.46	14.88
泰安	16.48	71.87	11.66	70.74	39.14	22.93	16.22

续表

地区	各年龄段人口所占总人口比重以及老少比				人口抚养比		
	0-14岁	15-64岁	65岁及以上	老少比	总抚养比	少儿抚养比	老年抚养比
威海	8.27	78.18	13.55	163.81	27.92	10.58	17.33
日照	15.69	72.40	11.90	75.86	38.12	21.67	16.44
莱芜	14.46	73.14	12.39	85.68	36.72	19.77	16.94
临沂	18.27	70.89	10.84	59.31	41.07	25.78	15.29
德州	18.31	69.87	11.82	64.59	43.12	26.20	16.92
聊城	20.65	67.96	11.39	55.15	47.15	30.39	16.76
滨州	16.31	72.27	11.43	70.07	38.37	22.56	15.81
菏泽	23.74	65.33	10.93	46.04	53.07	36.34	16.73

资料来源：2015年山东省1%人口抽样调查数据。

总体来看，山东省的人口老龄化程度沿海地区高、中西部地区低。根据山东省计划生育委员会对东中西部地区的划分（王承强，2009）[①]，将2000年、2010年山东省东中西部三大区域的人口老龄化程度对比汇总如下表所示（表3—6）。

表3—6　山东省2000年、2010年三大区域人口老龄化程度

年份	指标	全省	东部	中部	西部
2000	总人口（人）	89971789	21205781	28733698	40032310
	65岁以上人口数（人）	7308455	1904277	2349596	3054582
	65岁以上人口所占比重（%）	8.12	8.98	8.18	7.63
2010	总人口（人）	95792719	23324411	30972032	41496276
	65岁以上人口数（人）	9429686	2500876	3020869	3907941
	65岁以上人口所占比重（%）	9.84	10.72	9.75	9.42

资料来源：山东省2010年人口普查资料第635—637页；山东省2000年人口普查资料第1057—1061页。

---

① 东部地区：青岛、烟台、威海、日照、东营；中部地区：济南、淄博、潍坊、滨州、泰安、莱芜；西部地区：临沂、枣庄、济宁、聊城、德州、菏泽。

总体看，2000—2010 年间，山东省三大区域的人口老龄化程度均呈现不断增长的趋势，程度从高到低依次为东中西，发展速度从快到慢依次为西东中。2000 年，人口老龄化程度东部地区、中部地区分别高于全省平均水平 0.86 个百分点、0.06 个百分点。2010 年以前，东部地区的老龄化速度快于全省平均水平以及中西部地区。2000—2010 年间，情况发生了一些变化，西部地区的人口老龄化速度增长了 1.79 个百分点，速增最快，高于东部地区（1.74%）和中部地区（1.57%），可能与西部地区的人口流出有关。

二 人口老龄化的城乡差异

山东省人口老龄化的城乡差异明显，无论是老年人口规模、老龄化程度，还是老少比和老年抚养比均呈现出农村高于城市的态势。10 年间，连续两次的全国人口普查数据均显示，山东省 65 岁以上老年人口数量从 2000 年的 730.75 万人升至 2010 年的 942.97 万人，增长比例高达 29.04%。其中，城镇和乡村的老年人口数量从 2000 年的 226.95 万人、503.8 万人分别增至 2010 年的 391.16 万人、551.81 万人；而城乡老年人口占全省老年人口的比重在 2000 年分别是 31.05% 和 68.95%，到 2010 年分别增至 41% 和 59%。2000 年，农村老年人口比城镇多出 276.85 万人，人口老龄化程度比城镇高出 2.41 个百分点，比全省平均水平高出 0.94 个百分点。2010 年，农村比城镇多出 160.65 万个老年人。2000 年、2010 年和 2015 年山东省城乡老龄化程度的差异具体见下表（表 3—7）。

表 3—7　　　山东省 2000—2015 年城乡人口年龄构成　　　单位:%

年份	地区	各年龄段人口所占总人口比重以及老少比				人口抚养比		
		0—14 岁	15—64 岁	65 岁以上	老少比	总抚养比	少儿抚养比	老年抚养比
2000	全省	20.83	71.05	8.12	38.99	40.76	29.32	11.43
	城镇	18.71	74.68	6.61	35.34	33.90	25.05	8.85
	乡村	22.14	68.80	9.06	40.90	45.34	32.18	13.16
2010	全省	15.74	74.42	9.84	62.56	34.37	21.15	13.23
	城镇	14.83	76.96	8.21	55.39	29.94	19.27	10.67
	乡村	16.63	71.91	11.45	68.87	39.06	23.13	15.93

续表

年份	地区	各年龄段人口所占总人口比重以及老少比				人口抚养比		
		0—14岁	15—64岁	65岁以上	老少比	总抚养比	少儿抚养比	老年抚养比
2015	全省	16.35	71.99	11.66	71.29	38.91	22.72	16.20
	城镇	15.53	74.77	9.70	62.49	33.75	20.77	12.98
	农村	17.43	68.37	14.21	81.51	46.27	25.49	20.78

资料来源：山东省2000年人口普查资料第1057—1074页；山东省2010年人口普查资料第635—654页；2015年山东省1%人口抽样调查数据。

由上表可见，山东省农村65岁以上老年人口所占总人口比重在2000年为9.06%，在2010年升至11.45%；2000年，农村老年人口所占总人口比重比城镇老年人口所占总人口比重高出2.35%，到2010年这一数值达到3.24%。2000年农村人口老龄化程度高于全省平均水平，农村老少比高于城镇5.56%，农村老年抚养比高于城镇4.31%。2010年，农村老少比和老年抚养比分别高出城镇13.48%和5.2%。2015年，农村65岁以上老年人口所占总人口比重为14.21%，高出城镇4.51%，超出全省平均水平2.55%。农村老少比以及老年抚养比分别高出城镇5.26%、全省平均水平2.7%。近十五年间，山东省城市的人口老龄化程度明显低于农村，原因是不断加快的城镇化进程为农村大量的剩余劳动力提供了较多的就业机会，农村外出流动人口数量不断增加，从而使农村老年人口所占总人口比重相对增加。随着新型城镇化的发展进程，人口城镇化率将不断提高，大量的农村适龄劳动力进城务工，农村地区的人口老龄化程度还会进一步加深。

第四章 山东省机构养老服务的需求

本章通过分析人口普查及人口抽样调查的宏观数据，着重研究山东省机构养老服务在人口老龄化背景下的需求情况。由于一直是全国的人口大省，人口基数庞大，再加上国家的计划生育政策执行情况良好，山东省经过二三十年的低生育率之后，目前的人口老龄化形势十分严峻，呈现出老年抚养比不断增高、人口老龄化率不断上升、高龄化、失能化等态势。

第一节 老年人口的健康状况

一 老年人口的健康状况

通过对山东省2010年"六普"数据及2015年1%人口抽样调查数据的分析，汇总60岁以上老人的身体健康状况，具体情况见下图（图4—1）。在山东省60岁以上的老年人中，健康的占多数，这一比重在2010年和2015年分别为52.09%、48.7%；基本健康的占三成以上，分别为33.07%、33.89%；不健康，但生活能自理的分别占到12.16%、14.63%；生活不能自理的分别占2.68%、2.79%。总体而言，在山东省60岁以上老年人中，健康和基本健康的占八成以上，其余所占的比重相对较少。根据山东省统计局最近开展的养老服务需求调查显示，18.13%的老年人表示"生活半自理"或"无法自理"，15.32%的老年人表示"生活基本自理，但需要不定期就医"。虽然大部分老人的健康状况是基本能够自理，但身体状况和养老保障仍是他们最担忧的问题。

年龄的不断增长、身体机能的日益衰退使大多数老年人患有各种各样的慢性疾病。据有关调查显示，平均高达82.8%的老年人患有慢性病，

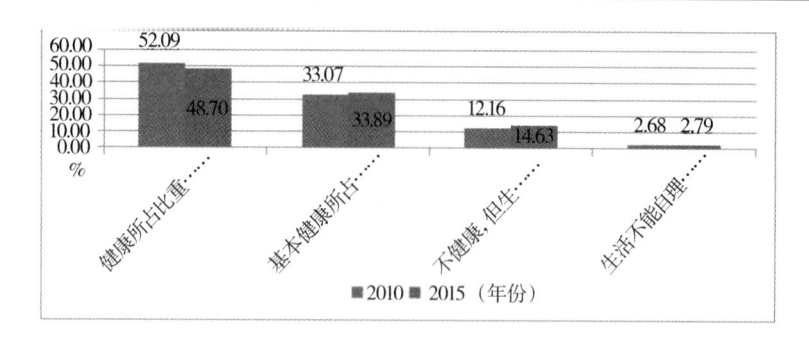

图4—1　山东省60岁以上老年人身体健康状况

资料来源：山东省2010年人口普查资料第2891页；2015年山东省1%人口抽查资料。

其中男性患病率高达85.7%，女性患病率为79.3%（高利平，2011）。空前的高龄化规模日益加剧了失能人口的比例，再加上山东省外出流动人口数量巨大，农村空巢现象普遍存在，高龄、失能和半失能老人需要大量的生活照料、医疗护理服务，而空巢老人需要精神抚慰。老年人生活护理与医疗健康需求的增加，迫切需要推动医疗卫生和养老服务的有机结合，以解决日益严峻的人口老龄化所带来的社会问题。

二　高龄人口的健康状况

高龄老人所占老年人口比重的增长与生活水平、医疗条件的提升所带来的人口平均预期寿命延长有关。山东省人口老龄化发展中的高龄化趋势非常明显，高龄老人的数量不断扩大，其所占老年人口的比重在不断提高。2000年、2010年全国人口普查中65岁以上老年人口的年龄结构详见下表所示（表4—1）。就老年人口规模而言，2000—2010年，不同年龄组的老年人口数量都呈现出上升趋势。在短短十年间，山东省65岁以上老人数量增加了212.2万人，平均增长比例高达29.04%。就老年人口全体而言，各年龄组老年人口所占全部老人比重随年龄增长而不断下降。但从时间上来看，2010年65—69岁年龄组老人和70—79岁年龄组老年人口所占65岁以上老年人口的比重分别下降了4.66个百分点、0.08个百分点，但80岁以上年龄组所占比重却比2000年增长了4.74个百分点。根据《山东民政统计年鉴2016》的数据显示，2016年底，山东省80岁以上老年人口数量为220.4万人，其占65岁以上老人的比重为15.8%。

表4—1　　　2000年、2010年不同年龄组老年人口数量和
所占老年人口比重　　　　　　单位：人,%

年份	年龄组	人口数	所占总人口比重	占65岁以上老年人比重
2000	65—69岁	2779735	3.09	38.03
	70—79岁	3463443	3.85	47.39
	80岁以上	1065477	1.18	14.58
	合计	7308655	8.12	100.00
2010	65—69岁	3146472	8.19	33.37
	70—79岁	4461644	4.66	47.31
	80岁以上	1821570	1.90	19.32
	总计	9429686	12.85	100.00

资料来源：2000年山东省人口普查资料第1043—1044页；2010年山东省人口普查资料第601—603页。

据有关调查，低龄、中龄和高龄老年人中患有慢性病的比例分别为77.2%、87.6%和93.8%，高龄老人的健康状况相对较差。与身体状况相对应，低龄、中龄和高龄老年人中需要照护的比例分别为2.5%、5.9%和17.9%。其中，高龄老人需要3年以上生活照料时间的比例占2.6%。由此可见，高龄老人对照护服务的需求迫切程度较高，且更需要长期照料（高利平，2011）。

第二节　老年人口的家庭支持

伴随着经济社会的发展进步、国家计划生育政策的变化，家庭结构呈现出小型化、少子化的趋势，大规模家庭的现象日渐减少。而由于养老资源匮乏，少子女的家庭、"421"家庭以及空巢家庭抵御外界风险的能力

不断下降，再加上人口流动的加剧，传统的家庭养老模式日渐式微，家庭养老功能不断弱化。

一 家庭结构的小型化

根据《中国统计年鉴2017》和《山东统计年鉴2017》的数据，全国和山东省历年平均家庭户规模的变化如下图所示（图4—2）。

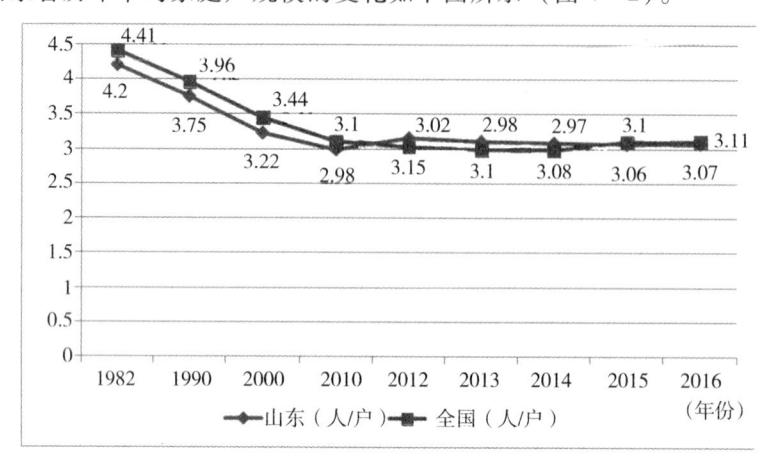

图4—2 山东省与全国平均家庭户规模变化

资料来源：《中国统计年鉴2017》与《山东统计年鉴2017》。

由上图可见，我国平均家庭户规模由1982年的4.41人降到2016年的3.11人，家庭结构小型化趋势明显。在此期间，仅在2015—2016年间平均家庭户规模上升，这与计划生育政策在2013年进行的"单独二孩"以及2015年进行的"全面二孩"调整有关。

1982—2016年间，山东省平均家庭户规模总体上处于下降趋势，从4.2人下降到3.07人，平均家庭户规模略小于全国平均水平。其中，1982—2010年间，从4.2人一路下降至2.98人，从2012年开始上升至3.15人，此后又开始下降至2015年的3.06人，到2016年又缓慢上升至3.07人。在2012—2016年间，山东省平均家庭户规模基本维持在3.1人左右。伴随着家庭人口数的减少，家庭内部的养老人力资源日益匮乏，导致家庭养老能力不断弱化。总体来讲，家庭规模的日益小型化，使得家庭内部的养老支持和养老基础减弱，少子女的老人晚年将面临较大的养老风险。

二 家庭结构的核心化

长期以来,在传统多子多福观念影响下,我国多代同住的扩展型家庭较为常见。但是,近二十年来,由于时代的发展和社会的变迁,人们的观念发生了巨大变化,家庭户规模在不断缩小,家庭结构和代际关系也在不断发生变化。在这种背景下,家庭结构出现了核心化和小型化的趋势,老人与子女分开居住成为一种常态,代际人口逐渐分离。因此,在全部家庭中,几代同堂的大规模家庭类型所占比重日渐减少,而以两代三口规模为代表的核心家庭类型所占比重日益增加。

根据全国第六次人口普查数据显示,一代户、两代户、三代户所占全部家庭户的比重分别为34.18%、47.83%、17.31%,三代户以下的家庭户占了八成以上。而同期山东省一代户、两代户、三代户所占比重分别为34.15%、51.21%、14.14%,三代户以上的家庭户所占比重高出全国3个百分点。根据《中国统计年鉴2017》的数据显示,2016年,我国一人户、两人户、三人户以及四人户以上的家庭户占全部家庭户的比重分别为14.1%、25.8%、26.1%、34%,因此三人户及以下的家庭户占多数(66%)。而同期山东省三人户及以下的家庭户所占比重为71.9%,比全国平均水平高出近6个百分点。

受20世纪70年代后期实施的计划生育政策影响,我国出现了较大规模的独生子女家庭。"421"的家庭结构日益普遍,该类型的家庭子女少,负担重,因此在照顾老人问题上面临经济、时间、精力、人力等困难,独生子女家庭的父母养老问题异常严重。根据老龄委的预测,独生子女家庭的父母在2020年后渐入老年,家庭的"少子化"特征造成家庭养老资源的大量缺失,家庭养老的功能被弱化。一旦老人丧偶,就只能空巢而居或去养老机构入住以安度晚年(徐俊、风笑天,2011)。

三 老龄人口的空巢化

各国事实已经证明,当一国经济进入到持续中高速发展阶段,空巢老人现象将成为普遍的社会问题。我国也概莫能外,且在近几年情况比较严重:日趋明显的老龄人口空巢化趋势、家庭照顾资源的缺失与人口高龄化、家庭结构的小型化和人口流动的加速进程相伴随而来。根据《社会养老服务体系建设"十二五"规划》指出，目前我国老年人空巢家庭比例不断上升，城乡老年空巢率分别为49.7%、38.3%。

以山东省老龄委以及《山东民政统计年鉴》的有关数据为基础，汇总近年来山东省空巢老人数量以及所占全部老人的比重情况，详见下图（图4—3）。

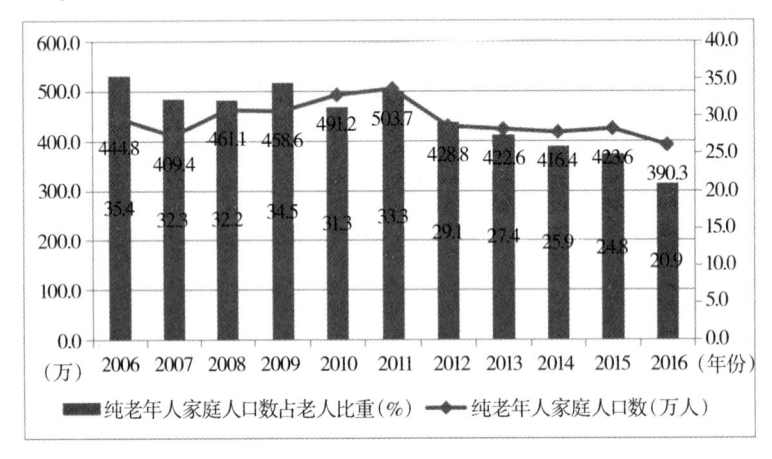

图4—3　山东省纯老年人家庭人口数及占老人比重的变化
资料来源：山东省老龄委。

由上图可见，近年来山东省纯老年人家庭人口数基本维持在400万人左右，其占60岁以上老人的比重大体稳定在20%—30%之间。2016年底，山东省纯老年人家庭人口数为390.3万人，占60岁以上老人的比重为20%。空巢老人规模庞大，未来这些家庭的养老资源将面临较大的困难。其中，根据山东省老龄委的数据显示，2015年，山东省共有失独老年人家庭数38647个，失独老年人口数量为71768人，这些老人的养老状况更是不容乐观。

第三节　机构养老服务的需求

在现代社会，随着老年人所受教育程度的提高，其意识也在与时俱进，并不断接受新思想、新观念的渗透，与年轻人一样追求生活的品位及质量，因此老年人在养老方面的需求是多层次和多元化的。他们的养老需求不仅表现在医疗健康和日常生活照料方面,还表现在对文化娱乐活动的多样化、健康教育服务的周到化、心理咨询、精神慰藉等多层次的需求上,而这些需求很难依靠家庭成员在家庭内部实现。而机构养老服务,则可以通过政府的资金投入和优惠财政政策扶持、企业的资助支持、社会各界的关注和医疗部门的参与等途径较好地满足老人的多方面需求。

有调查显示,山东省有照护需求的老年人比重达12.76%,其中低龄、中龄和高龄老年人有照护需求的比例分别为5.68%、13.99%和38.33%。从总体上来看,老年人的照护需求规模庞大、总量可观。同时根据《山东省养老服务需求调查》结果显示,选择机构养老的老年群体比重为11.5%。来自山东社会科学院的调查数据显示,入住养老机构的老人平均年龄为78.7岁,失能和半失能老人所占比重为63%。未来,随着人口老龄化的发展,高龄化、失能化特征的持续,山东省存在机构养老服务需求的老人群体规模将更加庞大。

第四节　人口老龄化的预测

人口老龄化是国家或区域经济社会发展到一定程度的产物,反过来,人口老龄化的发展又会对经济社会发展带来一定的影响。预测未来人口老龄化的发展趋势,对于应对人口老龄化问题意义重大。

一　预测方法与参数设定

以2010年人口普查中的常住人口数据为基础,采用队列要素预测法通过年龄移算来预测2010—2035年山东省65岁以上老年人口规模以及所占比重的变化趋势,主要设定了高、中、低三种生育模式。队列要素预测法的基本思路是基于人口年龄增长(岁)与时间(年)推移具有一致性的前提,在封闭人口下,某年 x 岁的人口数与从 x 岁活到 (x+1) 岁的存活概率之乘积就是下一年 (x+1) 岁的人口数,再考虑迁移因素,以此就可以推算出下一年1岁以上各年龄组人口。同时,根据妇女生育率和育龄妇女人数可以推算出出生的0岁人口数。该预测方法的具体计算公式如下:

$$M_x^{t+1} = M_{x-1}^t \times (1 - {}_mq_{x-1}^t) + M_x^t \times {}_mm_x^t$$

$$F^t+1_x = F_x^t - 1 \times (1 - {}_fq_{x-1}^t) + F_x^t \times {}_fm_x^t$$

$$M_0^{t+1} = {}_mb_0^{t+1} \times \sum_{x=15}^{49} F_x^t \times f_x^t + M_0^t \times m_0^t$$

$$F_0^{t+1} = {}_fb_0^{t+1} \times \sum_{x=15}^{49} F_x^t \times f_x^t + F_0^t \times {}_fm_0^t$$

$${}_mb_0^{t+1} = \frac{r_0^{t+1}/100}{1 + r_0^{t+1}/100}$$

$${}_fb_0^{t+1} = 1 - {}_mb_0^{t+1}$$

其中，M_x^t 和 F_x^t 分别为 t 年 x 岁年龄组男性、女性人口数；${}_mq_{x-1}^t$ 和 ${}_fq_{x-1}^t$ 分别为 t 年 x-1 岁年龄组男性、女性死亡概率；${}_mm_x^t$ 和 ${}_fm_x^t$ 分别为 t 年 x-1 岁年龄组男性、女性净迁移率；f_x^t 为 t 年 x 年龄组妇女年龄别生育率；${}_mb_0^{t+1}$ 和 ${}_fb_0^{t+1}$ 分别是 (t+1) 年 0 岁人口中男性人口比重和女性人口比重；r_0^{t+1} 为 (t+1) 年 0 岁人口性别比。

首先根据已有数据以及未来山东省人口变动的可能性，假设山东省分年龄别的生育模式不变，仍与 2010 年保持一致。而出生性别比假定在 2011—2015 年、2016—2020 年、2026—2030 年、2031—2035 年间分别为 119、111、110、108、106。由于近年来山东省属于人口少量净迁出省份，因此其迁移模式也假定不变。

二 人口老龄化预测结果

基于上述预测方法，我们主要选取中方案结果作为说明，对未来山东省 65 岁以上老龄人口规模以及所占总人口比重变化、80 岁以上高龄人口规模及所占老人比重变化分别列表如下（表 4—2 与表 4—3）。

1. 65 岁以上老龄人口规模及所占总人口比重变化

由下表可见，山东省未来 65 岁以上老龄人口的规模和所占比重均处于上升趋势。到 2030 年，山东省 65 岁以上老龄人口规模将超过 2000 万人，2035 年达到 2.38 千万人；其占总人口的比重在 2031 年达到 20% 以上，到 2035 年为 23.3%。届时，山东省老龄人口的养老问题将会更加突出。

表 4—2　　山东省未来 65 岁以上老龄人口规模及所占总人口比重变化　　单位：万人，%

年份	65 岁以上老人数	所占总人口比重	年份	65 岁以上老人数	所占总人口比重
2011	974.4	10.1	2024	1653.7	16.2
2012	1008.2	10.4	2025	1679.4	16.5
2013	1040.2	10.7	2026	1687.4	16.5
2014	1085.3	11.1	2027	1750.8	17.1
2015	1136.0	11.6	2028	1861.1	18.2
2016	1190.7	12.1	2029	1934.9	18.9
2017	1255.3	12.7	2030	2011.2	19.6
2018	1317.3	13.2	2031	2088.4	20.4
2019	1383.3	13.8	2032	2142.3	20.9
2020	1455.0	14.5	2033	2222.2	21.7
2021	1516.7	15.0	2034	2293.1	22.4
2022	1586.7	15.7	2035	2384.1	23.3
2023	1636.9	16.1			

资料来源：根据 2010 年山东省人口普查数据测算。

2.80 岁以上高龄人口规模及占老年人的比重变化

从下表可见，在未来的十几年中，山东省 80 岁以上高龄人口规模所占老人比重基本在 16%—20% 之间徘徊，总体呈现缓慢上升的态势。2031 年，80 岁以上高龄人口数量将突破 400 万人。2032 年，80 岁以上高龄人口规模所占老人比重将达到 20% 以上，未来山东省人口老龄化的高龄化趋势仍将继续。

表 4—3　　　山东省未来高龄人口规模以及所占老人比重变化　单位：万人，%

年份	80 岁以上老人数	80 岁以上老人占 65 岁以上老人比重	年份	80 岁以上老人数	80 岁以上老人占 65 岁以上老人比重
2011	188.6	19.4	2024	269.8	16.3
2012	196.4	19.5	2025	283.5	16.9
2013	205.5	19.8	2026	298.9	17.7
2014	212.1	19.5	2027	315.4	18.0
2015	220.9	19.4	2028	330.6	17.8
2016	227.5	19.1	2029	353.4	18.3
2017	232.7	18.5	2030	379.0	18.8
2018	239.2	18.2	2031	406.1	19.4
2019	240.9	17.4	2032	438.6	20.5
2020	247.3	17.0	2033	468.3	21.1
2021	252.1	16.6	2034	499.4	21.8
2022	256.6	16.2	2035	533.0	22.4
2023	261.4	16.0			

资料来源：根据 2010 年山东省人口普查数据测算。

第五章　山东省机构养老服务的供给

作为社会福利事业的重要组成部分，山东省的老龄事业在多年社会福利社会化的进程中蓬勃发展，老龄事业政策体系更加完备，社会养老服务体系不断健全，社会福利社会化格局逐步建立，较好地保障了老年人权益、提高了老年人生活质量。其中，机构养老模式的影响力也不断扩大，机构养老服务供给能力不断增强，供给主体渐趋多元化，服务对象的社会化程度也越来越高，服务类型渐趋多样化，服务质量也不断提升。

伴随全国机构养老服务模式的发展，山东省的机构养老服务事业历经多年的发展也取得了一些成就：政策体系不断完善、宏观供给能力日益增强、人均床位数逐步提高、服务专业化和职业化程度有所提升等。在厘清山东省机构养老服务事业历史发展脉络的前提下，本章重点分析机构养老服务供给举措、现状以及特征，并对未来"9064"养老服务发展格局下的养老床位供给趋势进行了预测分析。

第一节　机构养老服务事业的发展

一　机构养老服务事业的发展阶段

在全国老龄事业发展的制度框架下，以社会福利社会化的发展方向为引导，山东省各地通过增加资金投入、加大人才培养力度、完善体制机制等措施积极发展老龄事业，养老机构的机构数、床位数、职工数等不断增加，收住人员范围不断扩大，服务水平逐渐提高，多项指标走在全国前列。

山东省养老机构的发展历程与全国相类似，大体可划分为三个阶段。

新中国成立到21世纪初,机构养老服务的主要对象是"三无"①和"五保"老人②,养老方式以家庭养老为主,主要养老服务内容是基本生活照料,部分对象集中在福利院由政府负责供养。21世纪以来,在社会福利社会化政策的引导下,山东省机构养老事业发展进程加快,社会福利社会化特征不断凸显。

第一个阶段,传统福利供给阶段(1949—1978年)。

受经济发展水平、养老机构运营模式以及养老机构对接收人员条件的限制,新中国成立初期山东省养老机构的数量较少,规模也相对较小。根据《民政统计历史资料汇编(1949—1992)》中的数据显示,1956年,山东省共有1个生产教养院,职工数为226人,收养一般老残人员1269人。1957年,残老教养院共3个,职工数为46人,收养老人数为247人。1959年,城市社会福利机构中的老人院共10个,收养老人数为1301人。1960年,城市社会福利机构中的社会福利院共14个,收养老人数为1229人(包括教养老人565个和养老老人664人)。1961年,城市社会福利机构中的养老院共37个,收养老人数为4085人。1962年,城市社会福利机构中的社会福利院共35个,收养老人数为1258人。1963年,城市社会福利机构中的社会福利院共39个,收养老人数为1466人。

在农村,1958年,山东省共有敬老院28107个,入院人数为805420人。1962年,敬老院个数为5506个,入院人数为78368人。

第二个阶段,福利改革阶段(1978—2000年)。

党的十一届三中全会以后,全国社会福利事业在拨乱反正之后逐渐走上了健康发展的轨道,社会福利社会化的改革发展进程不断向前推进。1979年,民政部明确了社会福利事业的性质,并制定了恢复与发展的方针政策。1980年,山东省社会救济院更名为社会福利院,并进一步明确了服务对象以及收养方针。1984年,民政部提出社会福利事业的改革战略和发展方向。1985年,山东省明确了"开门办院"以及"医疗、供养与康复并重"的工作思路。此后,社会福利院开始实施一系列改革措施

---

① 特指城市三无人员,指民政部门收养的无生活来源、无劳动能力、无法定抚养义务人或法定抚养义务人丧失劳动能力而无力抚养的公民。

② 特指农村五保老人,是由中国农村集体经济组织或街道办事处经济组织供养的、实行"保吃、保穿、保住、保医、保葬"五保措施的老人。

以提升发展水平：将收养对象由"三无"人员扩大至老残幼儿等困难群体；明确"供养与康复并重"的工作方针，成立康复领导工作小组和增加相应设施；开展多种经营和实行"以院养院"等（张国琛，2008：158）。在此期间，城市社会福利院得到了一定程度的发展，如下表所示（表5—1）。1989年，21家城市社会福利院均已普及自费收养业务，床位数共2472张，在院人员1663人，床位利用率达67.3%。进入20世纪90年代，立足省情，山东省积极推进社会福利社会化，开始动员社会力量兴办托老所等社区老年服务设施，为社区居民提供老年福利服务。1995年，山东省制定《山东省民政事业发展"九五计划"和2010远景目标纲要》，明确了"九五"期间民政事业的发展目标。1996年，省民政厅下发了《关于加快我省社会福利院发展的意见》，提出"加快福利设施建设、大力发展福利事业"的要求。1997年底，老年公寓和托老所分别为68所和140处，分别拥有床位2185张和1988张。1999年，山东省确立青岛、烟台和济南为社会福利社会化试点城市，开始了家庭养老、社区照顾和机构收养相结合的发展实践。其间，青岛、烟台、济宁、潍坊等地结合本地实际，开展了有益的实践探索，走在全省前列（张国琛，2008：157）。

表5—1　1978—1992年山东省城市社会福利院发展情况　单位：个，人，张

年份	单位数	职工数	医护人员数	床位数	年末在院人员数
1978	15	395			1220
1979	16	449	156	1599	1318
1980	17	513	186	1699	1284
1981	17	577	239	1854	1332
1982	18	648	60	2048	1426
1983	18	646	63	2083	1566
1984	18	637	60	2172	1526
1985	19	681	60	1984	1623
1986	20	732	70	2126	1715
1987	22	729	77	2107	1691
1988	22	751	85	2395	1763

续表

年份	单位数	职工数	医护人员数	床位数	年末在院人员数
1989	21	801	124	2472	1663
1990	21	770	285	2478	1695
1991	21	760	316	2439	1714
1992	21	801	319	2432	1701

资料来源：《民政统计历史资料汇编（1949—1992）》。

而在农村，山东省农村办和城镇办敬老院发展情况分别如下表（表5—2、表5—3）所示。由表5—2可见，改革开放以来，山东省农村办与城镇办敬老院的数量、床位数和年末收养人员数均呈现不断增长的态势，尤其是1985年以来，增长速度明显加快，福利改革效果显著。

表5—2　　1978—1992年山东省农村办敬老院发展情况　　单位：个，人，张

年份	乡数	院数	工作人员数	床位数	年末收养人员数	年末收养老人数
1979		388	439		2734	2601
1980		643	938		3793	3553
1981		698	1043		4135	4016
1982		919	1554		5837	5531
1983		1327	2558		9200	8826
1984		2038	4222		15217	14557
1985	1085	2031	4450	19900	16518	15829
1986	1206	3051	7100	29082	23251	22667
1987	1313	2487	4914	30187	23012	22436
1988	1484	2711	7198	36656	29013	28376
1989	1501	2616	7175	39881	32074	30631
1990	1517	2625	7622	43433	35275	34604
1991	1515	2630	8109	46005	39552	39242
1992	1465	2494	8339	49114	42741	42418

资料来源：《民政统计历史资料汇编（1949—1992）》。

表 5—3　　　　1978—1992 年山东省城镇办敬老院　　　单位：个，人，张

年份	街道数	院数	工作人员数	床位数	年末收养人员数	年末收养老人数
1985	399	765	2068	9316	6855	6365
1986	578	1279	3912	20292	14768	14203
1987	681	1832	3384	36434	17802	17305
1988	765	1749	5060	26247	20545	20013
1989	809	1941	5978	29712	24170	23473
1990	867	2027	6490	33755	27922	27314
1991	893	1976	7211	37325	31615	31241
1992	941	2198	7874	41957	36345	35763

资料来源：《民政统计历史资料汇编（1949—1992）》。

第三个阶段，快速发展阶段（2000 年— ）。

2000 年，在国务院《关于加快社会福利社会化意见的通知》的政策框架下，山东省制定了《山东省社会福利事业五年发展规划》，进一步加快了社会福利社会化发展的进程。2000 年底，国办和社会办养老机构床位共 1.1 万张，每千名老人床位数为 5 张。在继 2001 年全省社会福利社会化现场经验交流会议后，社会福利社会化的发展出现新高潮。7 月，按照民政部要求，制订"社区老年福利服务星光计划"的省级发展规划。同年 9 月，启动"星光计划"项目，项目确定济南、青岛和烟台为首批试点。2004 年底，累计建成 2006 个"星光计划"项目，486 处室外活动场所。2005 年，省民政厅制定《关于在全省开展养老服务社会化示范活动的意见》，确定 22 个区（县级市）和 18 个福利机构为省级试点单位，并在活动中不断推广先进经验，社会福利社会化格局基本形成。

"十一五"以来，山东省进一步加大扶持和规范养老机构发展的政策创制力度，出台一系列政策。2012 年 12 月，山东省先后下发《关于加快社会养老服务体系建设的意见》（鲁政发〔2012〕50 号）和《山东省社会养老服务体系建设规划（2011—2015 年）》，针对包括居家养老、社区

养老和机构养老在内的社会养老服务体系建设提出了总体规划布局和具体建设要求。

近年来，通过各级政府的加大基础设施建设投入、提供床位建设补贴和运行补助等财政优惠政策，加快公办养老机构的建设，鼓励民办养老机构的发展，积极扶持社会资本投入养老服务业，为养老机构创造了良好的发展机遇。

目前，山东省养老机构的发展正处于快速发展阶段。经过多年的建设，社会养老服务体系已经初步建成，各类养老机构已初具规模，并形成了相对完备的发展体系和相对稳定的养老服务供给机制。根据山东省政府新闻办在2017年5月24日发布的《全省老龄事业发展状况暨第四次中国城乡老年人生活状况抽样调查（山东省）成果》，截至2016年底，山东省已拥有3300余家养老服务机构，67万张各类养老床位，平均一千名60岁以上老人拥有床数位34张。分别拥有农村幸福院和城市社区日间照料中心4179个和9880个。

二 机构养老服务事业的主要举措

在社会福利社会化政策的推动下，山东省委、省政府高度重视养老机构的建设，加大政策扶持力度，完善服务设施，不断提高服务质量。目前，山东省养老机构的发展已初具规模，机构数、床位数、职工数、在院人员数等都得到了一定程度的增长；社会资本不断融入，民办养老机构发展迅速，社会福利社会化的格局已经形成。

1. 注重政策引导，构建社会福利社会化的政策框架

2000年，省民政厅制定《山东省社会福利事业发展规划》，重点发展老年福利事业。2001年，省政府颁布《山东省社会福利机构管理办法》，明确在社会福利机构的设立、执业管理、扶持优惠等管理方面的政策规定。2008年4月，省政府办公厅又下发《关于加快发展养老服务业的意见》，指出发展养老服务业的发展目标和举措。

2013年以来，又先后制定出台《加快发展养老服务业的意见》、《山东省养老服务业转型升级实施方案》等一系列扶持力度大、含金量高的创新性政策举措，从资金、土地、规划、投融资、税收减免等方面为养老机构的发展提供政策支持。在资金补助方面，山东省每年安排

10亿元专项资金支持养老服务业发展，重点资助养老机构建设运营，每张新建床位按东、中、西地区分别给予4500元、5500元、6500元的一次性建设补助，对医养结合型养老床位的补助标准提高20%；对养老机构根据自理、半自理、不能自理老年人身体状况，分别给予每人每年600元、1200元、2400元的一次性运营补助。在养老用地方面，省政府按照每张床位50平方米的标准，每年安排5000多亩养老服务设施专项用地指标。对依法以协议价格取得养老服务设施用地，基准地价已覆盖地区，按不低于出让地块所在级别相同用途基准地价的70%比例确定土地出让底价。在融资支持方面，省财政厅制定出台了《关于继续对民办教育、文化、卫生、体育、养老新上项目实行贷款贴息的通知》，对新上养老项目按照中国人民银行1年贷款基准利率给予财政贴息。在审批管理方面，放宽民非类养老机构资产管理政策，允许民非类养老机构出资者拥有对投入资产的所有权，并按不高于同期银行1年贷款基准利率2倍的标准提取盈余收益。

2. 加大资金投入，支持养老机构建设

在政府主导下，通过福利彩票公益金、财政资金和社会筹资相结合的方式筹措资金，不断加大资金投入，在加强公办养老机构建设的同时积极动员社会力量投入养老机构建设，投资主体多元化的发展格局日渐形成。2001—2004年，为建设"星光计划"项目投入18.5亿元，其中各级福利彩票公益金占1/4，其余的政府投入和社会资金占3/4（山东省民政厅，2006）。2001—2008年，山东省投入老年福利机构的各类建设资金高达25亿元。2008年，民办养老机构较2001年增长了3.9倍。此外，为实现社会化养老，政府每年投入1.1亿元购买养老服务以保障困难老人群体的养老需求。

2013—2015年，山东省财政共兑付养老服务业发展专项资金24.74亿元，带动市县政府和社会投入223.2亿元，扶持力度极大。其中资助新建养老机构建设补助14.81亿元，扶持养老院、敬老院、福利院等养老机构新扩建项目863个、新增床位22.3万张，带动投入194.4亿元，其中公办养老机构471个、新增床位12.3万张，民办养老机构392个、新增床位10万张。

根据山东省政府于2017年5月24日发布的《全省老龄事业发展状况

暨第四次中国城乡老年人生活状况抽样调查（山东省）成果》指出，截至 2016 年 10 月，省级财政当年共落实养老服务业补助资金 7.66 亿元，并带动了将近 79 亿元的地方政府和社会投资。

3. 多管齐下，不断提升养老服务质量

加强养老机构的标准化建设，规范养老服务业发展。2014 年 1 月 26 日，民政部等 5 部门印发《关于加强养老服务标准化工作的指导意见》（民发〔2014〕17 号），指出养老服务标准化工作的重要意义、总体要求、主要任务、保障措施。同时为规范养老服务市场和服务行为，先后编制《养老机构等级划分》等 10 个地方标准。

推进医养结合，提升医疗服务水平。积极引导闲置医疗资源转型为护理院、康复医院，支持养老机构与医院合作设立分支医疗机构，纳入医保定点。目前全省养老机构中内设医院的 190 家，内设诊所、卫生室的 994 家，纳入医保定点的 110 家。2017 年 5 月 24 日的《全省老龄事业发展状况暨第四次中国城乡老年人生活状况抽样调查（山东省）成果新闻发布会》指出，2016 年底，全省"医养结合"型养老机构达到 1200 余家。

加快公办养老机构改革，激发运营活力。积极促进公办养老机构转制为企业、社会组织或实现公建民营。全省涌现出以青岛阳光佳苑、南京美特康健康管理有限公司为代表的运营机构，增强了养老机构的运营活力。

推行养老保险制度建设，增强风险应对能力。青岛、日照、济南等地先后建立了长期护理保险制度，根据护理等级按床进行包干结算，加强了对失能老年人的照护服务。2017 年 4 月，省政府又印发了《关于试行职工长期护理保险制度的意见》。部分市建立了养老机构综合责任保险、老年人意外伤害保险等制度，提高了养老机构和老年人的风险应对能力。

4. 加强人才建设，提升服务的专业化水平

要建立全方位的人才培养体系，需要将学历教育、在职教育和对外合作等方式有机结合。在学历教育方面，为了培养老年医学、护理、营养和社会工作等方面的专业化人才，山东省对设立养老服务管理专业的医疗护理类院校给予 100 万元的补助。在《全省老龄事业发展状况暨第四次中国城乡老年人生活状况抽样调查（山东省）成果》中提到，2016 年底，

有 19 家院校设立了养老服务管理相关专业。

为了提高从业人员的专业服务技能，需要加强对他们的在职培训。全省依托职业院校已建立 7 处省级培训基地。每年安排 1000 万元的资金用来加强对养老护理人员和管理人员进行免费的培训。全省各级年培训 1.5 万人次，拥有护理员资格证书的人达 1.2 万。《全省老龄事业发展状况暨第四次中国城乡老年人生活状况抽样调查（山东省）成果》指出，2016 年底，省级财政出资培训养老管理人员和养老护理员 1.5 万人次。

不断提高养老服务从业人员待遇。为了吸引更多的本专科护理类毕业生加入到养老队伍，省级财政对从事养老服务工作的本科毕业生给予 2 万元的一次性补助，对专科毕业生提供 1.5 万元的一次性补助。奖励获得技师资格证书的护理人员 2000 元，获得高级工资格证书的护理人员 1500 元。并且将养老服务人员纳入到"齐鲁和谐使者"的评选范围，入选的养老服务人员还可以纳入到省级人才库，每人每月享受政府津贴 1000 元。其中在 2016 年有 35 名养老服务人员荣获"齐鲁和谐使者"的称号，极大增强了养老行业的影响力和吸引力。

5. 完善相关制度规范，加强监督管理

制定相关的制度规范，并按照规范严格落实。为了兼顾建设和落实，进一步完善规范管理老年福利机构，山东省制定并下发《关于社会福利机构审批管理工作的实施意见》。各地市也相继出台制定相关的标准和管理程序。严格落实民政部对老年福利机构的基本规范，加强对老年福利机构的管理，开展对服务人员的岗前培训工作，实行认证和年检制度（山东省民政厅，2006）。2013 年 9 月，省民政厅发布《山东省养老机构设立许可办法》，针对区域内养老机构的设立许可权限、许可条件、许可程序作出了详细规定。省民政厅等 5 部门于 2017 年 4 月联合印发《山东省养老院服务质量建设专项行动实施方案》，从开展集中检查整治、加快服务质量标准化建设等 9 个方面部署开展养老院服务质量建设专项行动。

实施"互联网+养老"工程，依托省级政务云平台，建设全省养老管理平台、养老服务平台和山东养老信息网，打造互联互通的行政管理、服务提供和宣传推介平台。建立养老机构、组织信用评价体系，完善养老服务举报和投诉等制度，依托各级养老服务协会、家政协会定期对养老机构运营情况进行调查评价,形成了政府指导、行业自律、社会监督相结合的监管体系。联合公安等 7 部门出台专项文件,积极妥善解决老旧养老服务设施的消防、环保、卫生防疫等问题,全省取得机构设立许可的养老院 1038 家。

三 机构养老服务的政策环境

作为老年福利的一部分,养老机构的发展离不开国家宏观政策环境的支持。山东省委、省政府历年重视老龄事业发展和养老体系建设,在完善政策制度、健全工作机制、推动养老服务业转型升级等方面开展了一些工作,制定了一系列支持和优惠政策,不断优化养老机构的发展环境。

1. 山东省老年综合法律法规

为加快老龄事业的发展,保障老年人的合法权利,在 1999 年 12 月 16 日召开的山东省第九届人民代表大会常务委员会第十二次会议中通过了《山东省老年人权益保障条例》,而后在 2014 年 9 月 26 日召开的山东省第十二届人民代表大会常务委员会第十次会议又对该条例进行修订,于 2015 年 1 月 1 日正式实施。该条例对山东省内 60 岁以上老年人在家庭赡养与抚养、社会保障与服务、社会优待、宜居环境建设、参与社会发展等方面的权益保障作出了详细的规定。

2. 养老服务业政策

2009 年 4 月 3 日,为应对人口老龄化,实现城乡居民老有所养,青岛市人民政府办公厅下发《青岛市人民政府办公厅关于进一步加快养老服务业发展的意见》(青政办发〔2009〕24 号),针对加快青岛市养老服务业提出若干意见。

为进一步加快山东省老龄事业发展,2010 年 12 月 31 日,山东省委、省政府下发《中共山东省委 山东省人民政府关于进一步加快老龄事业发展的意见》(鲁发〔2010〕22 号),对山东省老龄事业的发展现状和基本要求作出了详细规定。

2014 年 5 月 26 日,山东省人民政府印发《山东省人民政府关于加快发展养老服务业的意见》(鲁政〔2014〕11 号)。该意见在养老服务业发展的总体思路与发展目标、统筹发展规划、创新机制激发活力、发展养老服务产业、强化财税支持、加强组织领导等方面作出了具体规定。

为推动山东省养老服务业转型升级，在2016年2月25日山东省人民政府办公厅印发的《山东省人民政府办公厅关于印发山东省养老服务业转型升级实施方案的通知》（鲁政办字〔2016〕22号）中，对山东省养老服务业转型升级的总体思路和发展目标、重点任务、完善措施等作出了具体规定。

3. 养老发展规划

2011年11月23日，山东省人民政府下发《山东省人民政府关于印发山东省老龄事业发展"十二五"规划》（鲁政发〔2011〕49号）。该规划主要从发展背景、指导思想和基本原则、主要任务、保障措施等方面展开。

2012年6月20日，为积极应对人口老龄化，实现"老有所养"，山东省人民政府办公厅印发《山东省社会养老服务体系建设规划（2011—2015年）》（鲁政办发〔2012〕45号）。该规划主要针对养老服务体系建设规划的重要性和必要性、总体要求、目标和任务、保障措施等作出了具体规定。

2016年11月16日，青岛市民政局下发《青岛市民政局关于印发〈青岛市"十三五"老龄事业发展规划〉的通知》。

2017年8月11日，为推动老龄事业全面协调可持续发展，健全养老体系，山东省人民政府发布《"十三五"山东省老龄事业发展和养老体系建设规划》（鲁政发〔2017〕21号）。该规划从规划背景、基本要求和发展目标、健全老年人社会保障体系、健全养老服务体系、健全老年人健康支持体系等方面展开。并明确将养老服务业列为重点发展领域，指出2020年全省养老产业市场规模超过6000亿元的发展目标。

4. 养老服务政策

第一，综合改革政策。

为增强公办养老机构发展活力，推动建立公平竞争有序的养老服务市场环境，2016年11月7日，山东省民政厅、省发展改革委等11个部门联合出台《山东省民政厅 山东省机构编制委员会 山东发改委等11部门关于推进公办养老机构改革的指导意见》（鲁民〔2016〕86号），针对公办养老机构改革的重要性、工作目标和推进机制、重点任务、保障措施等进行了说明。力争到 2020 年，全省 80% 以上的公办养老机构实现公建民营或转制为企业、社会组织。

第二，老年人优待津贴政策。

1997 年 12 月，山东省政府颁布《山东省优待老年人规定》，并于 2002 年第一次修改了此规定。2011 年 12 月 29 日，山东省政府修改了优待老年人的标准，拓宽了优待范围，增加了优待项目，重新印发修订了《山东省优待老年人规定》。该规定指出，实行对高龄老人的补贴，给予 100 岁以上的老年人每人每月不少于 300 元的长寿补贴，有条件的地方可以将高龄老人的范围降到 80 岁以上。在《山东省老龄事业发展"十二五"规划》（鲁政发〔2011〕49 号）中提到，"十一五"时期全省共有 5 个市、84 个县（市、区）建立了高龄津贴和贫困老人生活补贴制度。《"十三五"山东省老龄事业发展和养老体系建设规划》（鲁政发〔2017〕21 号）指出，对具有本省户籍 80 周岁以上老年人逐步实现高龄津贴全覆盖。

2014 年 3 月 17 日，为进一步提高失能老年人的福利状况，山东省民政厅、财政厅下发《关于建立生活长期不能自理经济困难老年人护理补贴制度的通知》（鲁民〔2014〕28 号），制定了失能老年护理补贴制度。对经济困难或者长期不能自理的老年人发放护理补贴。该通知还具体规定了发放失能老年护理补贴的对象、标准以及申请审批程序等内容。通知规定对失能老年的护理补贴为每人每月不得低于 60 元。

山东省民政厅、财政厅 2013 年 9 月 12 日下发《关于为全省 80 周岁以上低保老年人发放高龄津贴的通知》（鲁民〔2013〕64 号），规定自 2013 年 10 月 1 日起，为享受城乡最低生活保障待遇的 80 周岁以上老年人的发放高龄津贴。通知规定了高龄补贴的发放标准、发放程序、资金保障和管理等方面内容。按照年龄分档发放高龄津贴，80—89 周岁老年人每人每月标准为不低于 100 元，90—99 周岁老年人每人每月发放标准为不低于 200 元，100 周岁及以上老年人的高龄津贴按照《山东省优待老年人规定》（鲁政发〔2011〕54 号）文件的规定执行。

第三，养老服务设施建设用地政策。

加大对养老设施用地的保障力度。2014 年 5 月 26 日，《山东省人民政府关于加快发展养老服务业的意见》（鲁政〔2014〕11 号）指出，各地在制定城市总体规划、控制性详细规划时，必须按照人均用地不少于0.2平方米的标准，分区分级规划设置养老服务设施。而国务院《关于加快养老服务业发展的若干意见》中的标准是人均不少于0.1平方米，因此山东省的人均用地标准比全国要高0.1平方米，但仍低于北京等城市设定的标准。北京市在《城乡规划用地分类标准》中将各类养老服务设施用地的规划标准设为人均0.25平方米。该意见同时指出，民间资本举办的非营利性养老机构与政府举办的养老机构在土地使用政策上享受同等优惠待遇，可以依法使用国有划拨土地或者农民集体所有的土地。

2013年8月15日，为保障养老服务项目建设用地，山东省民政厅、国土资源厅印发《山东省养老服务项目建设用地管理办法》（鲁民〔2013〕53号），针对养老服务项目建设用地的适用范围、责任单位、办理程序等作出了具体规定，自2013年8月2日起施行。

第四，财政税收政策。

加大财政扶持力度。《山东省人民政府关于加快发展养老服务业的意见》（鲁政〔2014〕11号）指出，在建设、运营方面，营利性养老机构和非营利性养老机构享有同等的财政补助。该意见指出，加大对养老服务业的扶持力度，设立专项资金，将地方彩票公益金的一半以上用于投资养老服务行业。引导各类社会资本进入养老服务行业，更有效地推动政府资金和社会资本的融合，建立多元的融资体系。《山东省养老服务业转型升级实施方案》指出，"十三五"期间，省级将继续安排每年10亿元资金用于支持养老服务业发展，这些资金重点向社区、居家和农村养老倾斜。

具体财政扶持政策。《山东省人民政府关于加快发展养老服务业的意见》（鲁政〔2014〕11号）指出，自2014年起，省财政要对新增养老床位不少于20张，且符合相应条件的养老机构提供一次性建设补助或一次性改造补助等；对已运营、养老床位不少于20张、符合相应条件的民办和公建民营养老机构提供相应运营补助，按入住自理、半自理、不能自理老人数量给予每人每年360元、600元、720元的补助，连补三年；对符合条件的城市社区老年人日间照料中心按照建设规模进行分类补助，提供相应的建设补助和开办补助；对县、市级的养老服务信息平台分别给予

100万元、200万元的建设补助；对开设养老服务专业、符合相应条件的高等院校、中等职业院校、技工院校等给予一定的一次性奖励；组织开展高级养老护理员和养老机构管理人员培训，按照每人2000元的标准补助，并对获得相应职业资质、符合相应条件的护理人员、从事养老服务的本专科毕业生提供一次性补助。

根据《山东省养老服务业转型升级实施方案》，"十三五"期间，奖励设立养老服务相关专业的院校时间延至2020年，新增诸如养老服务信息平台、日间照料设施类的运营项目，提高养老机构建设补助和运营补助，将护理型养老机构的建设补助标准提高20%，对养老机构的自理、半自理和不能自理老年人每人每年分别补助的360元、600元和720元相应提高到600元、1200元和2400元。

2013年3月23日，为加强社会养老服务体系建设省级专项资金管理，山东省财政厅、民政厅下发《关于印发社会养老服务体系建设省级专项资金管理办法的通知》（鲁财社〔2013〕10号），制定《山东省社会养老服务机构新（扩）建和改造补助资金管理办法》《山东省社会养老服务机构运营补助资金管理办法》《山东省城市社区老年人日间照料中心建设补助资金管理办法》和《山东省县级养老服务信息平台建设奖补资金管理办法》等政策文件。为规范省级养老服务发展专项资金管理，2015年6月19日，山东省财政厅、民政厅下发《山东省财政厅 山东省民政厅关于印发〈省级养老服务业发展专项资金管理办法〉的通知》（鲁财社〔2015〕28号）。

2013年5月2日与2013年10月6日，山东省民政厅、财政厅分别下发《山东省民政厅、山东省财政厅关于印发〈山东省社会养老服务体系建设省级专项资金资助项目实施方案〉的通知》（鲁民〔2013〕24号）以及《山东省民政厅、山东省财政厅关于申报社会养老服务体系建设省级专项资金资助项目的补充通知》（鲁民〔2013〕68号）。

为抓好养老服务业省级专项资金补助项目实施，2014年12月22日，山东省民政厅、财政厅印发《山东省发展养老服务业省级专项资金补助项目实施方案》（鲁民〔2014〕87号）。该方案对养老机构的补助项目、城乡社区养老设施补助项目、养老服务信息平台补助项目、养老服务人才培养补助项目的范围、资助条件等作出了详细的规定。2016年6月24

日,山东省民政厅、山东省财政厅下发《山东省民政厅 山东省财政厅关于印发〈山东省养老服务业省级专项资金补助项目实施方案〉的通知》(鲁民〔2016〕44号)。

税收优惠政策。山东省人民政府印发的《山东省人民政府关于加快发展养老服务业的意见》(鲁政〔2014〕11号)指出,对养老院的育养服务免除营业税、城建税和教育费附加,并且免征耕地占用税。另外,对一些符合条件的非营利性养老机构收入免征企业所得税、房产税、土地使用费。

福利性、非营利性养老机构接受的捐赠在计算所得税前要予以税前扣除。另外,还享受免缴入网费以及数字电视费等优惠。同时养老机构的用电、用水、用气、用热均享受居民生活类价格优惠,固定电话、宽带享受家庭住宅价格等。

第五,人才教育培养政策。

2012年8月26日,为加强养老护理员队伍建设,提升养老服务专业水平,山东省民政厅、财政厅、人力资源和社会保障厅联合下发《关于加强养老护理员培训工作的意见》(鲁民〔2012〕73号),该《意见》针对开展养老护理员培训工作的指导思想和主要目标、培训责任和培训对象、培训单位和培训组织、培训费用和培训鉴定等作出了规定。

为加强养老服务专业人才和服务队伍建设,提高山东省养老服务水平,2014年3月31日,山东省民政厅出台了《关于实施〈养老服务和管理人员万人培训工程〉的通知》,对培训任务、培训人员和内容、培训组织和费用等具体事项作出了规定。

为充分发挥学校教育的作用,加快养老服务业人才培养,推动养老服务业快速发展,2014年11月11日,山东省民政厅下发《关于推进养老服务业人才培养工作的实施意见》(鲁教高字〔2014〕23号)。该意见针对养老服务业人才培养的工作目标、主要任务以及组织保障进行了详细的规定。将加快培养养老服务业人才纳入全省教育事业发展重要内容,通过采取推进养老服务业相关专业点建设、扩大人才培养规模、加强师资队伍建设、支持养老服务实训基地建设等措施不断提升养老服务业人才队伍的整体素质。

第六,养老服务促进政策。

2014年12月31日,为促进养老服务健康发展,保障老年人、养老服务组织及其从业人员的合法权益,青岛市第十五届人民代表大会常务委员会第二十三次会议通过《青岛市养老服务促进条例》,自2015年5月1日施行。

5. 养老服务机构政策法规

第一,养老机构管理。

为加强养老服务机构的管理,促进社会养老事业的发展,1999年12月10日,青岛市政府第15次常务会议审议通过《青岛市养老服务机构管理办法》(市政府令第98号)。

为加强社会福利机构的管理,山东省政府颁布《山东省社会福利机构管理办法》(省政府令第118号),自2001年4月1日起施行。该办法针对社会福利机构的范围、设立条件、执业管理、扶持与优惠等作出了具体规定。

为规范养老机构设立许可管理,促进养老机构健康发展,2013年8月16日,山东省民政厅发布《山东省民政厅关于印发〈山东省养老机构设立许可办法〉的通知》(鲁民〔2013〕63号),对养老机构的设立许可、许可权限、许可程序、许可管理、监督检查等方面作出了详细的规定,自2013年10月1日起施行。

为进一步做好养老机构的设立许可和管理工作,切实解决养老机构在消防安全等方面存在的突出问题,2016年1月7日,山东省民政厅等七部门印发《关于做好养老机构设立许可和管理工作的通知》(鲁民〔2015〕106号)。

2012年6月20日,为加强养老服务机构的规范化管理,青岛市民政局下发《关于印发〈青岛市民政局养老服务机构等级管理办法〉的通知》。采用星级制对养老服务机构的档次和服务质量进行评定,其中床位少于50张的养老服务机构不参加该评定。星级越高则表示养老服务机构的服务水平越高,一颗星代表一个等级,星级从高到低依次为五星级到一星级。

2014年9月24日,为切实履行公办养老机构的保障性职能,青岛市民政局下发《青岛市民政局关于印发〈青岛市民政局公办养老机构入住管理规定〉的通知》。政府全资的公办养老机构收容普通老年人的最大数量为本机构床位的30%，而政府部分出资的养老机构，这一比例扩大为60%。

2015年1月12日，青岛市民政局下发《青岛市民政局关于切实做好养老服务场所安全管理工作的通知》（青民福〔2015〕2号），加强对养老服务场所的安全管理。

第二，养老机构的财政补助。

2014年，省政府发布《山东省人民政府关于加快发展养老服务业的意见》（以下简称《意见》）（鲁政〔2014〕11号）。《意见》指出，省政府对符合相关条件，新增养老床位多于20张的养老机构提供一次性的建设补助。东、中、西部地区的补助标准分别为4500元、5500元、6500元，部分县（市）为7000元，省财政直属的县（市）补助标准为8000元。另外，东、中、西部地区对租赁期超过5年的养老机构分别给予2000元、2500元和3000元的一次性改造补助，部分县（市）为3500元，省财政直属的县（市）补助标准为4000元。根据《"十三五"山东省老龄事业发展和养老体系建设规划》（鲁政发〔2017〕21号），自2016年起对现行养老机构的一次性建设补助和一次性改造补助在原来补助标准的基础上提高20%。《意见》（鲁政〔2014〕11号）指出，省财政对符合有关部门规定的民办和公建民营养老机构根据办理实际入住老年人数量给予连续3年的运营补助，对自理、半自理和不能自理老年人每人每年分别补助360元、600元和720元。《"十三五"山东省老龄事业发展和养老体系建设规划》（鲁政发〔2017〕21号）对办理实际入住的自理、半自理、完全不能自理的老年人补助分别增长为600元、1200元、2400元。

第三，养老机构的保险制度。

2012年6月19日，为积极应对人口老龄化，促进"医养康护"相结合的新型服务模式形成，青岛市人民政府办公厅下发《青岛市人民政府办公厅转发市人力资源社会保障局等部门关于建立长期医疗护理保险制度的意见（试行）的通知》（青政办字〔2012〕91号）。该通知针对护理保险基金的覆盖对象、资金来源等方面作出了明确规定，最早在全国尝试建立长期医疗护理保险制度，为国家的长期照护保险制度作出了有益探索。

为探索建立符合省情的职工长期护理保险制度，2014年6月11日，山东省政府办公厅发布《山东省政府办公厅关于开展职工长期护理保险试点工作的指导意见》（鲁政办字〔2014〕85号），在东营、潍坊、日照、聊城4市开展职工长期护理保险试点。该意见针对长期护理保险试点工作的指导思想和基本原则、覆盖范围和资金筹集、定点护理机构管理以及组织实施作出了具体规定。

2017年4月，山东省政府办公厅印发《关于试行职工长期护理保险制度的意见》，指出要在全省试行职工长期护理保险制度。

2014年5月26日，山东省民政厅、中国保险监督管理委员会、山东监管局、山东省老龄工作委员会办公室转发《山东省民政厅 中国保险监督管理委员会山东监管局 山东省老龄工作委员会办公室转发〈关于推进养老机构责任保险工作的指导意见〉的通知》（鲁民〔2014〕42号），在全省推进养老机构责任保险工作的实践。

2014年10月，太平洋保险在山东青岛率先开发养老机构责任保险产品，为青岛的60家养老机构及其床位承保。青岛养老机构责任保险中政府补贴占80%，其余由养老机构自负。青岛市养老机构责任保险的政府补贴比例与北京相同，相对其他省份较高。青岛养老机构责任保险中每人赔偿限额最高可达16万元，养老机构每年的最高赔偿限额可达500万元。而北京针对养老机构的累计赔偿限额最高可达600万元。威海从2015年起在全市118家养老机构中全面推行养老机构责任险，保费为每人每年100元，分别由市、区财政和养老机构共同分担。从2016年3月，烟台市财政出资全面推行养老机构综合责任险，为全市符合参保的养老机构给予50%的市财政保费补贴，每单保障限额500万元，单次事故限额100万元，单人赔偿限额15万元。2016年4月，潍坊市也推行养老机构责任险。2016年12月，德州也建立养老机构综合责任保险制度，每张使用床位每年保费为100元，市县财政承担70%的保费，养老机构承担其他30%。

2014年3月7日，青岛市民政局下发《青岛市民政局关于做好养老机构老年人意外伤害责任险有关工作的通知》（青民福〔2015〕9号），针对养老机构老年人意外伤害责任险等有关工作作出了规定。青岛市统一推行养老机构老年人意外伤害责任险，财政部门对全市选择非营利普惠性养老机构（不含敬老院）入住的老人按照每人每年120元的标准给予补助，其保险基准为每人150元，各养老机构每人每年承担30元，每次事故的累计责任限额为100万元。

第四，养老机构的标准化建设。

为推动养老服务机构标准化、专业化建设，2011年10月，山东省民政厅发布《山东省养老服务机构服务质量规范（试行）》的通知（鲁民函〔2011〕244号），针对各类社会养老服务机构服务的基本要求、服务内容与质量控制、服务合同评审、评价与改进作出了具体规定。

2015年12月，山东省质监局发布《养老机构等级划分》《养老机构设施设备基本配置规范》《医疗养老结合基本服务规范》《城镇社区老年人日间照料中心等级划分》和《城镇社区老年人日间照料中心管理与服务规范》等5项地方标准。《养老机构等级划分》按照资质、基本设施、服务要求和日常管理等方面的标准要求构建山东省养老机构的评价指标体系，共三级87个指标，并以此为依据对养老机构进行A—AAAAA从低到高5个等级的划分，为分类管理模式提供依据。《养老机构设施设备基本配置规范》对养老机构的生活膳食、洗涤清洁、文化娱乐、护理医疗、康复保健等多个方面提出养老机构的基本设施设备配置的规范性要求，奠定市场准入机制的基础。《医疗养老结合基本服务规范》是国内首个养老服务行业领域的"医养结合"标准。明确机构养老、社区居家养老等养老服务与各级别医疗机构的医疗服务相结合的形式，主要有养老机构内设医疗机构、医疗机构增设养老机构、社区居家养老与周边基层医疗卫生机构结合三种，并通过医疗养老结合服务的医保定点设立、机构资质审批、人员执业资质、人员管理、政府多部门协调联动工作机制等措施保障医疗养老服务业的融合发展。城镇社区养老机构的两项标准明确界定城镇社区老年人日间照料中心为半失能老人提供日间照料服务的定位，其中《城镇社区老年人日间照料中心等级划分》通过设定"规模、服务项目、设施设备、人员配备、服务管理、服务成效"等在内的6个一级指标和27个二级指标将城镇社区老年人日间照料中心划分为一星级到五星级5个级别，而《城镇社区老年人日间照料中心管理与服务规范》在日间照料的基础上又增加了助餐、助浴、助行、助医、助急等"五助"服务功能，形成包括6大类、40个项目的标准化"菜单式"服务。

第五，医养结合政策。

2013年8月1日，为切实加强养老机构医疗服务保障功能，山东省民政厅、山东省人力资源和社会保障厅下发《山东省卫生厅关于加强养老机构医疗服务工作的意见》（鲁民〔2013〕52号），针对加强养老机构医疗服务工作的重要性、强化措施、密切协作等作出了具体规定。规模较大的500张以上床位的养老机构应内设护理院，有条件的可以内设康复医院等医疗机构，符合条件的纳入医疗定点范围；规模较小的养老机构，可以通过依托当地医院，采取合作方式引进医疗服务机构，或者内设卫生所（卫生室）、医务室等；对城乡老年人日间照料中心、农村养老互助幸福院，应与周边医院、基层医疗卫生机构合作开展医疗服务；鼓励和引导基层医疗机构利用闲散的医疗资源，向老年护理院、老年养护院、老年康复医院转型。

2016年12月19日，山东省人民政府办公厅发布《关于加快推进医养结合工作的实施意见》，提出进一步推进医养结合的实施意见，指出到2020年基本建成医养结合政策法规体系和服务网络。

第六，社会救助和五保供养政策。

2013年11月20日，为进一步提升全省农村五保供养工作水平，切实保障五保供养对象的基本生活权益，山东省民政厅、财政厅联合下发《山东省民政厅 财政厅关于进一步加强农村五保供养工作的意见》，对该工作的重要性、五保供养标准的科学制定和调整、供养条件的改善、人性化服务开展等方面作出了详细规定。从2013年起，省级财政在不减少补助的基础上，对农村五保供养对象按照每年人均500元的标准给予专项资助。

为进一步加强社会救助体系建设，保障经济困难家庭的基本生活，促进社会公平与和谐稳定，2014年9月26日，山东省人民政府办公厅印发《山东省社会救助办法》（省政府令第279号），对最低生活保障、特困人员供养、受灾人员救助作出了具体规定。

养老机构作为社会福利事业的重要组成部分，政府的扶持对其供给至关重要。山东省养老服务产业、养老机构规范、优惠扶持等一系列政策的出台，对养老机构的发展发挥了主导性作用。养老机构发展的规范性政策在短期内提高了养老市场准入标准，规范了养老服务市场，但也提高了养老服务供给的成本，在一定程度上限制了养老机构的数量增长，从长远看有利于养老机构的健康发展；养老机构发展的税收减免、财政补贴等扶持优惠政策为养老机构的发展营造了良好的机遇，极大调动了社会力量投资兴办养老服务机构的积极性，拓宽了养老服务业的资金来源，促进了养老机构的发展。

第二节 机构养老服务的供给现状

一 养老机构的类型

作为专业化养老场所，养老机构是我国老龄福利事业的重要组成部分，主要为"三无"老人、失能老人、高龄老人以及其他有养老需求的老人提供集中食宿、日常生活照料服务和长期照护等综合性服务。

1. 按功能分类的养老机构类别

养老机构的功能是指为收养老人提供的各种照料和服务。为便于有关部门对养老机构的监管，需要评估界定其功能分类，按照功能的不同匹配相应的软硬件资源。

在我国，国家卫生部主管的老年护理院以及民政部门主管的老年公寓相对明晰了收养老人所需照料程度的差异，其他一般性的社会福利院、敬老院其收住范围并不明确，多为了实施分类管理仅在机构内部区分了收养老人所需要的护理级别，缺少机构功能定位（桂世勋，2001）。

根据民政部《老年人社会福利机构基本规范》，老年人社会福利机构按照功能进行的类别划分详见下表（表5—4）。

表5—4   老年人社会福利机构的功能类别

性质定位	功能类别	接受对象	开办方
社会养老服务机构	老年社会福利院	"三无"老人+自理老人+介助老人+介护老人	政府、集体合办为主
	敬老院	农村乡（镇）、村的"三无"老人+"五保"老人+其他老年人	
	养老院或老人院	自理老人或者自理老人+介助老人+介护老人	政府、企业、民营、个人
	护老院	介助老人	医院
	护养院	介护老人	

续表

性质定位	功能类别	接受对象	开办方
公寓式老年住宅	老年公寓	需要集中居住的老人	民营为主
社区养老服务场所	托老所	需要短期（日托、临时托、全托）托管服务的老人	
社区服务场所	老年人服务中心	需要综合服务的社区老年人	

资料来源：陶文莹：《北京市养老机构发展数量与功能研究》，硕士学位论文，首都经济贸易大学，2010年。

由上表可见，按照为接收老人提供的照料和服务程度的不同，我国的养老机构可细分为八类：老年社会福利院、敬老院、养老院或老人院、护老院、护养院、老年公寓、托老所、老年人服务中心。这几类的性质又存在一些差别：前五种的性质是社会养老服务机构，老年公寓为公寓式老年住宅，托老所是社区养老服务场所，而老年人服务中心是作为社区服务场所而存在。

这八类养老机构在内部按照服务对象和服务内容的不同又可大致分为四大类：第一类是我国传统的养老机构，包括老年社会福利院和敬老院，大多是由政府主办或者政府和集体合办，以自理、介助、介护等特殊老年群体为服务对象，如社会福利院收养的城市"三无"老人以及农村主要收养的"五保"老人；第二类是养老院或老人院，兴办方涵盖政府、企业、个人等多种主体，以自理、介助、介护老人为服务对象；第三类是护老院、养护院，包括老年康复医院、老年护理医院等，大多是由医院兴办，以介助或介护老人为服务对象，具有老年慢性病医院的性质；第四类是老年公寓、托老所和老年人服务中心，多是以民营为主，政府和集体扶持为辅，以全体老年人为服务对象。托老所和老年服务中心收养的高龄和失能老人较多，但老年公寓中收养的自理老人较多。

我国社会化的养老机构以敬老院、社会福利院、养老院、老年公寓、托老所和老年康复医院为主（刘岚、陈功、郑晓瑛，2008）。本书中的养老机构主要是指以老年人和残疾人为服务对象的养老机构以及为社区居民服务的社区养老机构和设施，大多是提供住宿的养老机构。

2. 按投资经营主体分类的养老机构类别

养老机构投资者、经营者不同，其性质也不同。养老机构按照投资者不同大体可以分为两类：公办和民办（焦亚波，2009）。公办养老机构有政府办和单位办的国有资产以及政府办和单位办的集体资产四种实现形式。一般来讲，公办养老机构大多兴办早，由政府或民政部门投资兴办，属于社会福利事业单位，其资金主要来源于政府拨款和社会捐助，软硬件设施优势明显，能够最大限度地维护中低收入群体的利益，因此具有福利性、非营利性和较强的公平性。而由企业、个人和社会团体等民间资本兴办的民办养老机构属于微利行业，自主经营、自负盈亏，因此其市场化程度较高。其中由企业、社会团体兴办的养老机构资金相对雄厚，管理水平、服务质量和服务人员素质相对较高，市场竞争力较强，多以收养自理老人为主，而个人兴办的养老机构受资金、规模的限制往往软硬件条件相对较差，但其收养范围比较广泛、收费低、地理位置好、市场潜力大（焦亚波，2009）。

按照投资经营主体的不同，养老机构又可分为公办公营、公办民营、民办公助、民办民营等四种类型，区别如下表所示（表5—5）。

表5—5　　　　　老年人社会福利机构的投资经营主体类别

类别	投资者	经营者	服务层次	服务对象	公平性	市场化
公办公营	公共部门	公共部门	单一	低、中收入老人为主	最高	最低
公办民营	公共部门	私人经营			较高	较低
民办公助	私人部门	私人部门为主、公共部门帮助	多	各类收入老人	较低	较高
民办民营	私人部门	私人部门			最低	最高

资料来源：陶文莹：《北京市养老机构发展数量与功能研究》，硕士学位论文，首都经济贸易大学，2010年。

公办养老机构主要有公办公营和公办民营两种，通常以中低收入老人为服务对象，提供的服务相对单一。公办公营养老机构的投资经营主体均是公共部门，基本不受市场机制的影响，因此市场化程度最低，公平性最高。在世界各国，公办公营养老机构的服务对象因国情不同既可以是全体老年人也可以是低收入老年人。公办民营养老机构的投资主体是公共部门，运营主体是私人部门。两者分别作为产权方和合作方，通过签订租赁、承包、股权转让等合同明确双方的权责利，实现养老机构的使用权从公共部门到私人部门的转让。

民办养老机构主要有民办公助和民办民营两种，其服务对象是收入层次不同的所有老人，其服务内容是多层次的养老服务。民办养老机构多在市场机制的调节下运行，具有一定的营利性，因此市场化程度比较高。民办公助养老机构的投资主体和经营主体多是社会团体、民办非企业等非营利的私人部门，公共部门辅以适当的政策优惠、人财物支持、购买服务等扶持措施。民办民营养老机构的投资经营主体均是私人部门，其服务对象是全体老人。民办民营养老机构完全属于营利性质，追求利润最大化，因此市场化程度最高。

3. 根据性质划分的养老机构类别

根据主办者不同，养老机构可分为事业单位、民办非企业以及企业三种性质：事业单位性质的养老机构是由政府主办、在县级以上政府事业编制部门登记、归属民政部门管理；民办非企业的养老机构是由社会力量主办、在民政部门登记；企业性质的养老机构是由社会力量兴办、在工商及税务部门登记（李晶，2010）。与此相对应，按照是否盈利养老机构还可分为福利性、非营利性和营利性三种：事业单位性质的国办福利机构即是福利性养老机构；民办非企业养老机构属于非营利性养老机构，享受国家扶持及税收优惠政策，其利润仅能用于自身发展，属于老年社会福利事业；企业性质的养老机构即是营利性养老机构，一般不享受国家优惠政策，其税后的利润可分红，属于老龄产业的重要组成部门（赵晶磊，2008）。

4. 根据国家《老年居住建筑设计标准》划分的养老机构类别

2003年，建设部和质量监督检疫检验总局联合发布《老年人居住建筑设计标准》，将养老机构分为老年人住宅、老年人公寓、养老院、护理院、托老所等五类：老年人住宅是专供老年人家庭居住用的住宅；老年人公寓是独立或半独立老年人的居住建筑；养老院是为老年人提供集中居住服务及其完整配套设施的建筑；护理院是专为无自理能力的老年人提供居住、医疗、康复、护理服务及其完整配套设施的居住建筑；托老所是为老年人提供日托、全托等寄托性养老服务的设施（中华人民共和国建设部，

2003)。

5. 按照其他标准划分的养老机构类别

养老机构按照所处地域不同可分为城镇养老机构和农村养老机构。按照收费与否可分为无偿服务和有偿服务，包括为"三无"人员和农村"五保"老人提供无偿服务的养老机构以及为全体老年人提供有偿服务的养老机构。20世纪80年代中期以来，国家开始允许有剩余床位的社会福利机构提供有偿服务，随着经济社会的发展提供有偿服务的养老机构市场潜力巨大（李晶，2010）。

二 机构养老服务供给特点

1. 机构养老服务供给数量不断增长

在人口老龄化和社会福利社会化的进程中，山东省养老机构数量从少到多，不断增长。2016年底，山东省各类养老机构和设施9214个，占全国养老机构和设施总数的6.4%。其中城乡养老服务机构分别为803个、953个，社区养老服务机构和设施、互助型养老设施分别为1450个、5805个，其他为203个。

与此同时，山东省养老机构和设施的床位数也在逐年增长。2016年底，山东省共有各类养老服务床位67.7万张，占全国养老服务床位的9.27%。

2. 机构养老服务社会化程度不断提高

一直以来，家庭养老都是我国最主要的养老方式。在家庭养老不能满足老人养老需求的背景下，机构养老作为社会化养老方式应运而生。最初，我国的养老机构属于社会福利范畴，以农村"五保"老人和城市"三无"人员为主要服务对象，其入住有一定的限制。

随着社会福利社会化进程的发展，目前，山东省的养老机构向全社会开放，收住对象日益多元化，既有优抚人员、特困人员，也有自费人员；既有自理人员，也有介助和介护人员，满足了更多老年人的养老需求。

3. 机构养老服务的供给主体日益多元化

在市场经济发展的进程中，养老机构的发展也呈现市场化、社会化的特点。在社会福利社会化的背景下，养老机构向全社会开放，民间资本开始注入养老服务领域，成为除政府以外的重要供给主体，民办养老机构大量涌现。

最初，随人口老龄化进程而来的养老服务需求增加使政府的养老资源供给不足，财政负担加重，政府开始实施社会福利社会化的政策，鼓励民间力量参与养老服务事业的建设，减缓全社会养老压力。在此政策框架下，政府主要承担宏观规划、引导和监管职能。目前，山东省养老机构的兴办主体除政府部门、集体经济组织、非营利组织外，还包括企业和个人，已形成多元主体共建养老机构的格局，为老人提供了多样化的养老选择。其中，民办养老机构已成为养老机构的重要组成部分，不仅发展速度快，其床位数、职工数已占据比较大的比重，在社会养老服务体系中发挥着越来越重要的作用。

4. 机构养老服务的内容层次化更鲜明

随着经济社会的发展进步以及人民生活水平的提高，老人的养老需求层次也在不断提高。传统养老机构提供服务的范围基本局限在日常起居和生活照料服务上，而医疗护理、精神慰藉等高层次的服务项目相对缺乏。

近年来，伴随着老人对机构养老服务要求的不断提高，养老机构提供的服务内容和项目也在不断增加，服务水平和质量也有了较大提升，在基本生活照料之外，还提供一定的康复护理、医疗保健、精神慰藉、文化娱乐活动等多样化服务，满足了老人多层次的需求（张美丽，2012）。

第三节　机构养老服务供给的实证分析

一　养老机构的数量及构成

根据《山东民政统计年鉴2016》，2016年底，山东省各类养老机构数为16635个，占全国养老机构的4%，其中机构类、社区类机构数分别占全国的6.9%、6.5%。2000年以来山东省养老机构的数量变化如下表所示（表5—6）。由下表可见，山东省养老机构数量自2000年以来总体呈不断增长的趋势，从2000年的221个增至2016年的16635个，增长了16414个，增长了74倍多，平均年增966个。2000—2001年，增速惊人，达到了1415.8%，一年间从221个增至3350个。2001—2012年间，机构数基本维持在2000—3000个之间。但自2013年以来，机构数增长迅速，突破 1 万个，从 2012 年的 2373 个增至 2013 年的 15247 个，一年间增加了 12874 个，其增速高达 542.5%。2013 年之后，增长相对平缓，到 2016 年甚至出现了负增长。

表 5—6　　　　2000—2016 年山东省养老机构数量变化情况　　　　单位：个,%

年份	单位数	年均增长率	年份	单位数	年均增长率
2000	221		2009	2290	5.1
2001	3350	1415.8	2010	2282	-0.3
2002	3244	-3.2	2011	2330	2.1
2003	2276	-29.8	2012	2373	1.8
2004	2024	-11.1	2013	15247	542.5
2005	2055	1.5	2014	16593	8.8
2006	2103	2.3	2015	17658	6.4
2007	2217	5.4	2016	16635	-5.8
2008	2178	-1.8			

资料来源：《山东民政统计年鉴 2000》—《山东民政统计年鉴 2016》。

2016 年底，山东省各类养老机构的构成如下图所示（图 5—1）。从图 5—1 可见，机构类、社区类所占比重分别为 12%、88%。在机构类中，城乡养老服务机构所占比重分别为 5%、6%，其余占 1%。而在社区类中，社区养老机构和设施、社区互助养老设施分别占 9%、33%，其他社区服务机构和设施占 44%。因此，山东省近九成为社区类养老机构，超出全国平均水平。其中社区互助养老设施以及社区养老机构和设施分别占到四成、一成。而在机构类中，城乡养老服务机构占了绝大多数。

其中，社区类机构数增长迅速，2013—2016 年间的社区类发展变化如下表所示（表 5—7）。从下表可以看出，社区类发展迅速，其单位数从 2013 年的 12645 个增至 2016 年的 14676 个，三年间增加了 2000 多个。其中，2014—2016 年间，社区养老机构和设施从 611 个增至 1450 个，社区互助型养老设施从 2979 个增至 5805 个，而其他社区服务机构和设施却从 10855 个下降至 7421 个。

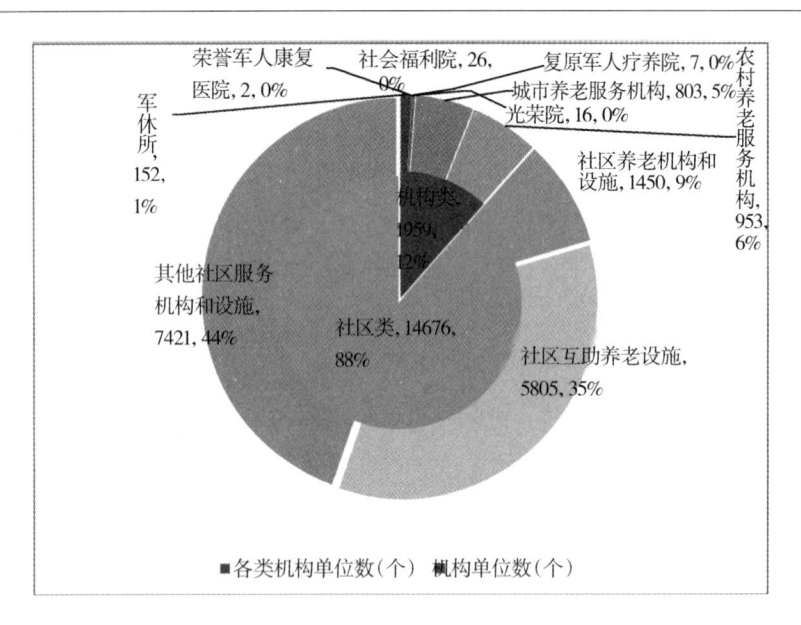

图 5—1　2016 年山东省养老机构构成

资料来源：《山东民政统计年鉴 2016》。

表 5—7　　　山东省社区类养老机构数量发展　　　　　单位：个

年份	社区养老机构和设施	社区互助型养老设施	其他社区服务机构和设施	合计
2013				12645
2014	611	2979	10855	14445
2015	1094	5228	9392	15714
2016	1450	5805	7421	14676

资料来源：《山东民政统计年鉴 2013》—《山东民政统计年鉴 2016》。

在社区类数量不断增长的同时，机构类数量却出现了一定程度的下降，从 2013 年的 2602 个下降至 2014 年的 2119 个，进而下降到 2015 年的 1944 个和 2016 年的 1959 个。

以机构类为例，不同性质养老机构发展情况如下表所示（表 5—8）。2013—2016 年间，养老机构数量从 2602 个下降到 1959 个，减少了 643 个。其中除一个机构多块牌子的养老服务机构从 428 个减少到 3 个以外，其他性质的养老机构均有不同程度的增长；工商登记的养老机构从 3 个增至 13 个；编制登记的从 469 个增至 525 个；民政登记的从 1124 个增至

1418个。与此同时，工商登记与民政登记的养老机构所占比重从2013年的43.4%升至2016年的73%。因此，在机构类中，民办养老机构数占了近七成。

表5—8　　　2013—2016年山东省不同性质养老机构数量变化情况　单位：个

年份	工商登记	编制登记	民政登记	一个机构多块牌子	合计
2013	3	469	1124		2602
2014	4	512	1175	428	2119
2015	11	514	1417	2	1944
2016	13	525	1418	3	1959

资料来源：《山东民政统计年鉴2013》—《山东民政统计年鉴2016》。

二　机构养老服务床位的数量及构成

2000—2016年间，养老机构床位数呈不断增长趋势，从6209张增至64.2万张，增加了近63.6万张，增长了102倍，见下表（表5—9）。2001—2005年间，床位数基本稳定在10万张左右。2005—2009年，床位数基本稳定在20万张以上，2010—2012年保持在30万张以上，2013年以来超过40万张。2012—2015年间，每年增长超过10万张，2016年较2015年也增长了3万多张。其中，2000—2001年增速最快，达到了1670.9%，其次为2005—2006年，增速为83.3%，2012—2014年增速也在20%以上，其他时期增长较缓慢，2003年还出现了负增长。总体来讲，山东省养老机构床位数增长迅猛。

2016年底，山东省各类养老机构床位构成如下图所示（图5—2）。机构类床位数和社区类床位数基本相当，各占一半。在机构类床位中，城乡养老服务机构床位数各占21%、17%，其余占12%。而在社区类床位中，社区养老机构和设施床位数、社区互助养老设施床位数分别占23%、22%，其余占5%。因此，机构类床位数和社区类床位数不相上下，高于全国社区类养老床位所占比重。其中城乡养老服务机构床位成为机构类床位的主体，而社区养老机构和设施床位、社区互助型床位成为社区类床位数的主体。

表 5—9　　2000—2016 年山东省养老机构床位数　　单位：张，%

年份	床位数	增长率	年份	床位数	增长率
2000	6209		2009	273077	8.5
2001	109955	1670.9	2010	309253	13.2
2002	113428	3.2	2011	325003	5.1
2003	99087	-12.6	2012	343882	5.8
2004	99805	0.7	2013	441198	28.3
2005	119949	20.2	2014	552492	25.2
2006	219897	83.3	2015	607460	9.9
2007	236857	7.7	2016	641778	5.6
2008	251679	6.3			

资料来源：《山东民政统计年鉴 2000》—《山东民政统计年鉴 2016》。

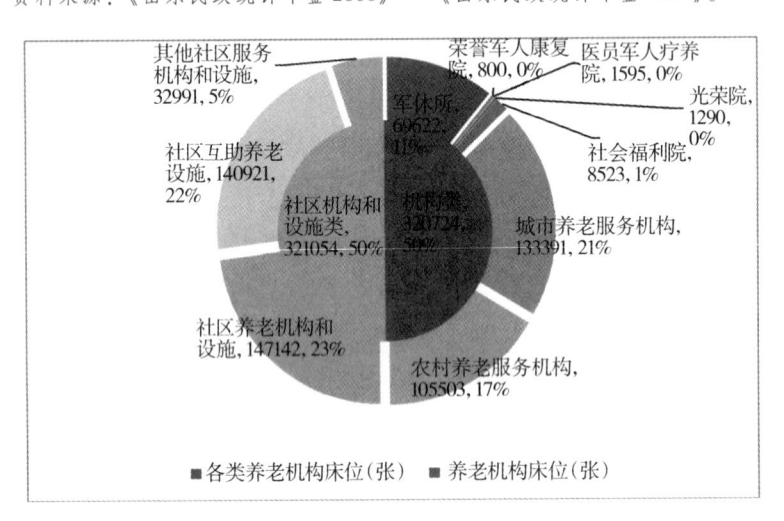

图 5—2　2016 年山东省养老机构床位数构成

资料来源：《山东民政统计年鉴 2016》。

其中，2013 年以来，山东省社区类床位数发展如下表所示（表 5—10）。2013—2016 年间，山东省社区类床位数逐年攀升，从 2013 年的 4.9 万张增至 2016 年的 32.1 万张，增长了 27.2 万张，增长了 4.6 倍。其中社区养老机构和设施床位数从 2014 年的 9.1 万张增至 2016 年的 14.7 万张，增长了 5.6 万张；社区互助养老设施床位数从 7.9 万张增至 14.1 万张，增长了6.2万张；而其他社区服务机构和设施床位数则从16.8万张增至33.0万张，增长了近1倍。在社区类床位数不断增长的同时，机构类床位数整体上呈现下降趋势，从2013年的39.2万张下降至2016年的32.1万张，减少了7万多张床位。其间，2013—2015年间机构类床位数一路下降，到2016年略有回升。

表5—10　　　　2013—2016年山东省社区类床位数发展情况　　　　单位：张

年份	社区养老机构和设施床位数	社区互助养老设施床位数	其他社区服务机构和设施床位数	合计
2013				48741
2014	90711	79238	16754	186703
2015	141082	124846	24881	290809
2016	147142	140921	32991	321054

资料来源：《山东民政统计年鉴2013》—《山东民政统计年鉴2016》。

以机构类为例，2013年以来，山东省不同性质养老机构床位数发展如下表所示（表5—11）。工商登记、编制登记、民政登记以及一个机构多个牌子的养老机构床位数均有了不同程度的增长，其中增长较快的是工商登记的养老机构床位数。与此同时，工商登记和民政登记的养老机构所占比重从2013年的66.5%增至2016年的68.5%。

表5—11　　　　　2013—2016年山东省不同性质养老服务
机构床位数发展情况　　　　　　　单位：张

年份	工商登记	编制登记	民政登记	一个机构多个牌子	合计
2013					
2014	436	89914	177956		268306
2015	2874	99209	214159	409	316651
2016	4353	100691	215261	419	320724

资料来源：《山东民政统计年鉴2013》—《山东民政统计年鉴2016》。

三　机构养老服务职工的数量及构成

养老机构的职工数也在不断增长。2000—2016年山东省养老机构职工数情况如下表所示（表5—12）。2000年以来，职工数总体上处于不断增长的趋势，从2000年的2303人增至2016年的9万人，增长了8.8万人，增长了38倍多。其间，增长较快的有2000—2001年、2012—2013年两个阶段，增速分别高达651.8%、140.1%。除2002—2004年间出现了负增长外，其余年份增长相对平缓，年增速大约在10%左右。

表5—12　　2000—2016年山东省养老机构职工数发展情况　　单位：人，%

年份	年末职工数	增长率	年份	年末职工数	增长率
2000	2303		2009	20633	5.9
2001	17314	651.8	2010	24013	16.4
2002	17298	−0.1	2011	26056	8.5
2003	14275	−17.5	2012	27606	5.9
2004	13873	−2.8	2013	66269	140.1
2005	14954	7.8	2014	74706	12.7
2006	16242	8.6	2015	83575	11.9
2007	18101	11.4	2016	90395	8.2
2008	19483	7.6			

资料来源：《山东民政统计年鉴2000》—《山东民政统计年鉴2016》。

在此期间，机构类和社区类职工数的增速不同，如下表所示（表5—13）。机构类职工数整体上处于下降的趋势，而社区类职工数逐年升高，增速较快，均在10%以上。

表5—13　　2013—2016年山东省机构类和社区类职工数发展情况　　单位：人，%

年份	机构类	增长率	社区类	增长率
2013	30914		35355	
2014	27568	−10.8	47138	33.3
2015	26563	−3.6	57012	20.9
2016	27647	4.1	62748	10.1

资料来源：《山东民政统计年鉴2000》—《山东民政统计年鉴2016》。

2016年底，山东省各类养老机构职工数构成如下表所示（表5—

14)。2016年底，机构类和社区类的年末职工数所占全部职工数比重分别为30.6%、69.4%。在机构类中，城乡养老服务机构的职工数所占比重较大，占全部职工数的26%。而在社区类中，其他社区服务机构和设施的年末职工数所占比重最大，社区互助设施的职工数次之，社区养老机构和设施的职工数所占比重最小。因此，社区类年末职工数更多，占近七成，其他社区服务机构和设施职工又成为社区类职工的主体，而城乡养老服务机构职工成为机构类职工的主体。

表 5—14　　　　2016年山东省各类养老机构职工数情况　　　　单位：人，%

养老机构	机构类别	年末职工数	所占比重
机构类	军休所	1707	1.9
	荣誉军人康复医院	553	0.6
	复员军人疗养院	866	1.0
	光荣院	159	0.2
	社会福利院	736	0.8
	城市养老服务机构	13598	15.0
	农村养老服务机构	10028	11.1
	合计	27647	30.6
社区类	社区养老机构和设施	12038	13.4
	社区互助养老设施	21288	23.5
	其他社区服务机构和设施	29422	32.5
	合计	62748	69.4
合计		90395	100.0

资料来源：《山东民政统计年鉴2016》。

四　机构养老服务专业化水平状况

1. 专业技能人员与累计鉴定养老护理员人数逐年攀升

以机构类为例，养老机构职工中的专业技能人员数量也逐年增长。从2014年的19630人增至2015年的18807人，2016年又增至20900人。其占机构类职工的比重从2014年的71.2%降至2015年的70.8%，最后增至2016年的75.6%。

养老护理员作为养老服务专业人才，为老年人提供生活照料和护理服务，对满足入住老人养老需求、提高养老服务质量非常重要。近年来，山东省累计鉴定养老护理员人数也在不断增长，具体见下表（表5—15）。2012—2016年，山东省累计鉴定合格养老护理员数量逐年攀升，从487人升至2219人。其间的增速惊人，在2015—2016年间高达103.6%。与全国相比，2016年山东省养老护理员的人数占全国的6.8%，仅次于广东、四川、河南。

表5—15　　2012—2016年山东省累积鉴定养老护理员数量情况　单位：人，%

年份	累计鉴定合格人数	增长率
2012	487	
2013	491	0.8
2014	655	33.4
2015	1090	66.4
2016	2219	103.6

资料来源：《山东民政统计年鉴2012》—《山东民政统计年鉴2016》。

2.职工的文化素质、专业化和职业化水平不断提高

近年来，山东省养老机构职工受教育水平趋势变化如下图所示（图5—3）。2013—2016年，养老机构中受过大学专科、大学本科及以上教育的职工数不断增长，分别从1.8万人增至2.1万人、0.8万人增至1.3万人，职工的受教育水平得到了一定程度的提高。大学专科职工数所占比重与大学本科及以上职工数所占比重的变化趋势相反：大学专科职工所占比重从27.8%一直下降至22.8%；大学本科及以上职工数所占比重从12.5%增至14%。职工中受过大学本科以上教育的人数不断增长，其所占比重也在不断提高。

山东省养老机构职工的职业资格水平变化趋势如下图所示（图5—4）。2014—2016年间，具备助理社会工作师以及社会工作师资格的职工数量及所占比重总体上呈现增长趋势，助理社会工作师从702人增至1887人，所占比重从0.9%增至2.3%；社会工作师从239人增至811人，所占比重从0.3%增至1.0%。

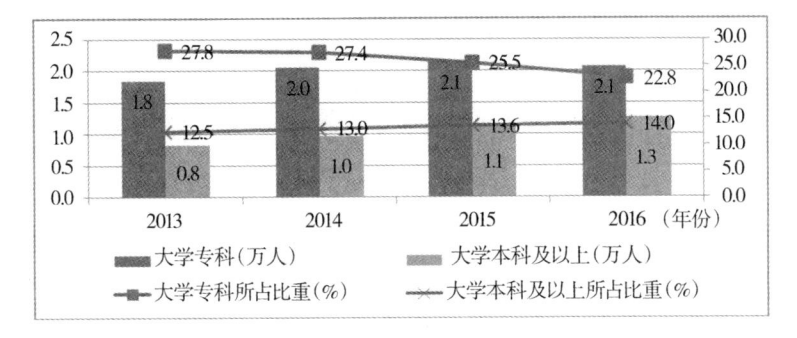

图 5—3 2013—2016 年山东省各类养老机构的职工受教育水平变化趋势

资料来源：《山东民政统计年鉴2013》—《山东民政统计年鉴2016》。

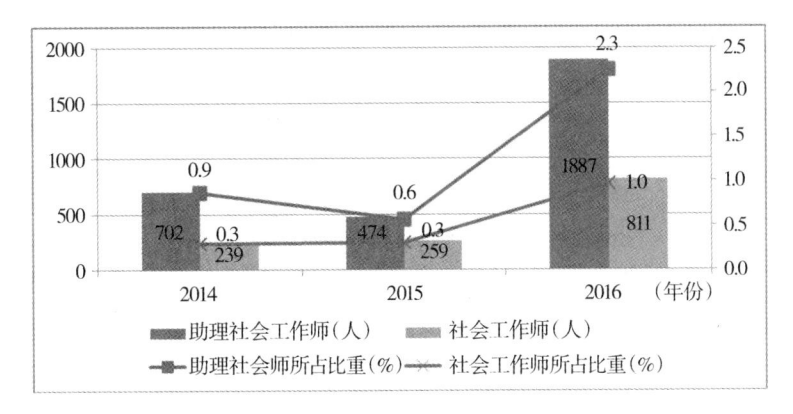

图 5—4 山东省各类养老机构职工的职业资格水平变化

资料来源：《山东民政统计年鉴2014》—《山东民政统计年鉴2016》。

五　机构养老服务的财政资金供给

"十二五"期间，山东省财政通过安排专项资金预算、运用福利彩票公益金、设立专项补助投资等途径支持地方社会养老服务体系建设，支持相关建设项目。

1. 加大财政性专项资金投入

公共财政支出是养老服务体系的重要资金筹措渠道，包括养老床位建设补贴、养老服务补贴和日间照料床位建设补助等。2013—2015 年，山东省针对养老服务业拨付省级专项资金24.74亿元，其中14.81亿元用于资助养老机构新扩建，8.55亿元用于资助城市日间照料中心以及农村幸福院建设，3471万元用于补贴民办和公建民营养老机构运营，2457万元用于培养服务人才（孔进，2015）。

2. 扩大社会服务事业费中老年福利支出的范围

2016年，山东省社会服务事业费支出中的社会福利支出为407359万元，其中老年人福利支出为158076万元，占总福利支出的38.8%，近四成。其中，高龄补贴支出、护理补贴支出、养老服务补贴支出分别为50996万元、6515.7万元、45332.4万元，分别占老年人福利支出的32.3%、4.1%、28.7%。因此，老年人福利支出占社会福利支出的四成，其中用于高龄补贴支出以及养老服务补贴的支出相对较多。

3. 提高国家预算内投资以及福利彩票公益金投资所占比重

在山东省为老年人和残疾人提供收养服务的基本建设投资构成中，主要包括国家预算内投资、福利彩票公益金以及其他来源。2013—2016年，各部分所占比重变化见下表（表5—16）。2013—2016年间，国家预算内投资所占比重从29.8%升至38.7%，福利彩票公益金所占比重从22.2%升至37.3%，其他所占比重从47.6%降至24.0%。因此，目前国家预算内投资以及福利彩票公益金是为老年人和残疾人提供收留抚养服务基本建设资金的主要来源，占七成以上，其他来源的基本建设投资较少。

表5—16　2013—2016年山东省为老年人和残疾人提供收留抚养服务基建构成变化表

单位：%

年份	国家预算内投资	福利彩票公益金	其他
2013	29.8	22.2	47.6
2014	25.8	20.6	53.7
2015	25.8	23.9	50.2
2016	38.7	37.3	24.0

资料来源：《山东民政统计年鉴2013》—《山东民政统计年鉴2016》。

4. 扩大一般公共预算财政拨款中的老年福利支出

与此同时，山东省用于老年人福利的一般公共预算财政拨款也在不断增长，见下表（表5—17）。用于老年人福利的一般公共预算财政拨款总体上处于不断增长趋势,从 2011 年的 8330 万元增至 2016 年的 105832.5万元。2012—2014 年间的年均增长率约为 100%,增长幅度较快,到 2015年增长减缓,2016 年又出现了轻微下降的趋势。同时,山东省老年人福利占社会福利的比重也呈现不断上升的趋势,除 2016 年该比例略有下降外,其他年份均一路上升,从 2011 年的 12.8% 增至 2015 年的 45.6%,最后降至 2016 年的 34.7%。2016 年底,老年人福利中用于高龄补贴、护理补贴以及养老服务补贴的资金额分别为 43853.8 万元、5952.5 万元、25404.3 万元,其所占比重分别为 41.4%、5.6%、24.0%。因此,山东省用于老年人福利的一般公共预算财政拨款总额以及所占社会福利的比重总体上不断增长,且用于高龄补贴的比重较高。

表 5—17　　　　2011—2016 年山东省老年人福利的一般公共
预算财政拨款变化情况　　　　单位:万元,%

年份	老年人福利	增长率	所占社会福利的比重
2011	8330.0		12.8
2012	16351.7	96.2989196	19.2
2013	43147.3	163.870423	26.9
2014	103485.1	139.841427	39.2
2015	115877.5	11.9750573	45.6
2016	105832.5	-8.6686371	34.7

资料来源:《山东民政统计年鉴 2011》—《山东民政统计年鉴 2016》。

5. 扩大政府性基金的老年福利支出

福利彩票公益金也是养老服务体系建设的重要资金源。按照国家有关规定,中央和地方之间的福利彩票公益金比例应为 50∶50 来投入社会公益事业,并按政府性基金管理办法来纳入预算。中央级的彩票公益金,在全国社会保障金、中央专项彩票公益金、民政部和国家体育总局之间以 60%、30%、5%、5% 的比例来进行分配。近年来,山东省政府性基金用于老年人福利的资金额也在不断增长,见下表(表 5—18)。山东省用于老年人福利的政府性基金支出在 2011—2016 年间不断增长,由 12300.6

万元增至 52243.9 万元。除 2013 年外，均呈现增长的趋势，在 2014 年其增长率高达 5645%，在 2012 年、2015 年的增长率也在 50% 以上。

表 5—18　　　2011—2016 年山东省老年人福利的政府性
基金支出变化情况　　　　　　单位：万元，%

年份	老年人福利	增长率	老年人福利所占比重
2011	12300.6		17.8
2012	22799.5	85.4	31.9
2013	566.4	-97.5	0.6
2014	32517.2	5645.0	32.7
2015	50056.1	53.9	41.2
2016	52243.9	4.4	51.0

资料来源：《山东民政统计年鉴 2011》—《山东民政统计年鉴 2016》。

老年人福利占政府性基金支出的比重也在不断增长，除在 2013 年有所下降外，在 2011—2016 年间从 17.8% 增至 51.0%。2016 年，老年人福利中用于高龄补贴、护理补贴以及养老服务补贴的资金额分别为 7142.2 万元、563.2 万元、19928 万元，其所占比重分别为 13.7%、1.1%、38.1%。因此，政府性基金支出中用于老年人福利的支出越来越多，占社会福利支出的一半。其中，养老服务补贴占将近四成。

第四节　"9064" 发展格局下机构养老服务的供给趋势

以 "9064" 为养老服务发展格局，在前文得出的山东省老年人口预测数据基础上，计算出未来养老机构床位的供给趋势。根据上文中所预测的 2010—2035 年山东省人口老龄化结果以及《山东省养老服务业转型升级实施方案》中的 "每千名老人养老床位数 40 张以上" 的发展指标，将养老服务床位供给数设定为老年人口数的 4%。未来山东省养老机构床位数供给如下图所示（图 5—5）。

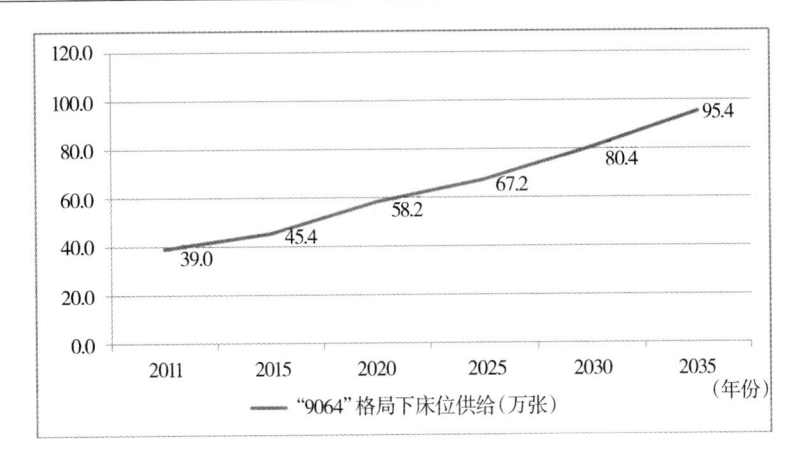

图 5—5 "9064"格局下山东省养老服务床位供给趋势

由上图可以看出,未来"9064"建设格局下山东省养老机构的床位建设仍需加强。若以 65 岁为老年人标准,预计到 2030 年,山东省养老机构的床位数要达到 80.4 万张,到 2035 年需要达到 95.4 万张。若以 60 岁为老年人标准,所需要的床位数还会更多。

第六章 山东省机构养老服务的供需平衡分析

立足于宏观统计与微观调查数据，本章主要从数量、规模、结构、内容等方面实证分析山东省机构养老服务的供需平衡状况。

第一节 养老服务床位与人员数量供需

养老服务的床位与人员数量代表了机构养老服务的供给能力，因此主要从床位数、职工数两方面来重点分析其在数量方面的供需状况。

一 养老机构床位数量供需

1. 机构养老的刚性需求与床位供给差异

机构养老的服务对象主体是高龄、失能和半失能老人。作为自然主体，老人年龄的增长会直接影响其身体器官、身体机能，甚至丧失或部分丧失生活自理能力，其晚年生活质量随之下降。健康状况的下降及相伴生的多种老年疾病，都意味着老年人是各种护理与照料服务的主要对象，既是"隐性或显性客户"，同时也是最主要的需求主体。根据《全省老龄事业发展状况暨第四次中国城乡老年人生活状况抽样调查（山东省）成果》显示，不同年龄组老人存在照护需求的比重明显呈现梯次结构。5.68%、13.99%、38.33%的照护需求比重对应低龄、中龄和高龄老人群体，形成由低到高的年龄差序结构，也与人衰老的自然属性相一致。

根据《山东民政统计年鉴2016》的数据，2016年底，山东省高龄老人约为204万人，占60岁以上老人比重的10.9%，为全国第一。而按照《全省老龄事业发展状况暨第四次中国城乡老年人生活状况抽样调查（山东省）成果》显示，2016年底山东省60岁以上老年人约为

2057万人。若以2015年人口抽样调查中高龄老人占比14.4%来进行推算，2016年山东省高龄老人数大约为296万人。同时根据相关预测，2020年，山东省80岁以上高龄老人规模将达362万人，占60岁以上老人的16%。无论以何种方式计算都可以看出，山东省未来健康养老的刚性需求会愈发强烈。

来自山东省民政厅的数据显示，2016年底，半自理、自理老人占全省老人的比重分别为23%、4%。根据山东省统计局开展的养老服务需求调查数据，失能、半失能老人所占比重为18.13%。若60岁以上老人以2057万来测算，失能、半失能老人数量在373万—555万人。2016年12月19日发布的《关于加快推进医养结合工作的实施意见的通知》指出，2020年失能、半失能老年人口规模将达441万人。因此失能、半失能老年人口对专业的机构养老服务存在巨大的潜在市场需求。而基于城乡、收入水平等养老基金的不同，失能、半失能老人对于所需照护的专业化程度也呈现出与养老基金相对应的层次需求，需要多层次的养老机构与之相匹配。

2016年底，山东省各类养老服务床位数仅为67.7万张，与庞大的高龄、失能半失能老人数相比，床位数供给总量不足。

2. 机构养老意愿与床位供给差异

根据山东省统计局的养老服务需求调查数据显示，存在机构养老服务意愿的老人比重为11.5%。若按照60岁以上老人数为2057万来计算，选择机构养老服务方式的老人大约有237万人。根据《全省老龄事业发展状况暨第四次中国城乡老年人生活状况抽样调查（山东省）成果》显示，2015年山东省大约有12.76%（大约为240万）的老年人需要照护，而2016年全省养老服务床位仅有67.7万张，二者相比差距大，缺口超百万。

3. 床位供需与发达国家差异

根据《中国民政统计年鉴2017》的数据显示，2016年底，山东省每千名60岁老人养老床位数超出全国平均水平近7张，与中等发达国家的水平相当。按照《山东省养老服务业转型升级实施方案》，到2020年底，每千名老年人养老床位要达到40张以上，但目前人均养老床位数量与此目标的差距还比较大。与全国其他省份相比，每千名60岁老人床位数低于内蒙古（58.3张）、浙江（56.3张）、宁夏（40.7张）、江苏（40张）等省份。若以65岁为老人标准，山东省的每百名老人养老床位数（5张）还略低于国际水平的5%—8%以及香港的10%（谭英花，2014）。因此，山东省机构养老服务床位总量供给水平仍有待提高。

4. 建设规划与床位供需差距

以《山东省老龄事业发展"十二五"规划》中的城乡各类床位数占老年人口比例的3%为标准，目前各类养老服务床位数已占60岁以上老年人的3.29%（60岁以上老人规模为2057万人），已达到了"十二五"规划的建设要求。但是若按照"9064"的养老服务建设格局，山东省目前仍需要建设82.28万张床位。与规划目标相比，养老床位的实际缺口为14.58万张。与《山东省养老服务业转型升级实施方案》中的发展目标相比，距离2020年的88万张目标还差20.3万张。

5. 机构养老床位的有效供需差距

在山东省养老机构床位数不断增加的同时，床位利用率却不高，出现了床位空置现象，资源有效供给不足。根据《山东民政统计年鉴2017》的数据，2016年底，山东省各类养老机构的床位利用率大约为55.1%，其中机构类和社区类的床位利用率分别为58.4%、51.8%，资源配置不够优化。据山东社会科学院的调查数据显示，山东省养老机构平均入住率为46.74%，不足50%，个别机构低至6%，养老资源浪费严重（崔树义、田杨，2017）。

与人口老龄化相比，养老机构床位的利用仍有较大空间。发达国家的老人入住比例集中在5%—15%（邹继征，2015：116）。根据《山东民政统计年鉴2017》，2016年底，山东省各类养老机构的床位利用率大约为55.1%，其中机构类和社区类的床位利用率分别为58.4%、51.8%，资源配置仍不够优化。2016年底，养老机构的年末在院人员为35.4万人，占60岁以上老人（2057万人）的比重为1.72%，与庞大的照护需求相比，实际入住率较低。

由此可见，在山东省养老服务床位数总量供给不足的同时，存在较低的入住率和一定比例的床位空置率，说明老人的机构养老需要未能成为有效需求、机构养老服务资源配置不均衡。

二　养老机构人员数量供需

养老护理员是为老人提供专业化机构养老服务的主要人员。近年来，山东省为培养养老服务专业人才做了大量工作，养老机构工作人员队伍不断壮大，人员素质总体上有了较大提升。但由于养老服务业起步晚、发展不完善、组织社会化程度低以及从业人员薪资待遇低、养老行业劳动强度大、社会认可度和社会地位低等多种原因，养老机构的专业化人才存在总量不足、结构不合理的问题。

1. 职工数总体数量供需

2000—2016年间，山东省养老机构的职工数与年末在院人员数的比值也在动态发展变化中，见下图（图6—1）。2000年职工数与在院人员数的比值为1∶2，在2001年急剧下降为1∶5。2001—2005年间，比值基本维持在1∶5的水平，后又下降至2006—2012年的1∶10，至2013年起开始上升，直至2016年的1∶2。因此，自2001年职工数与在院人员数的比值总体处于上升趋势，职工数量日益充裕，与在院人员数量配备更加合理。

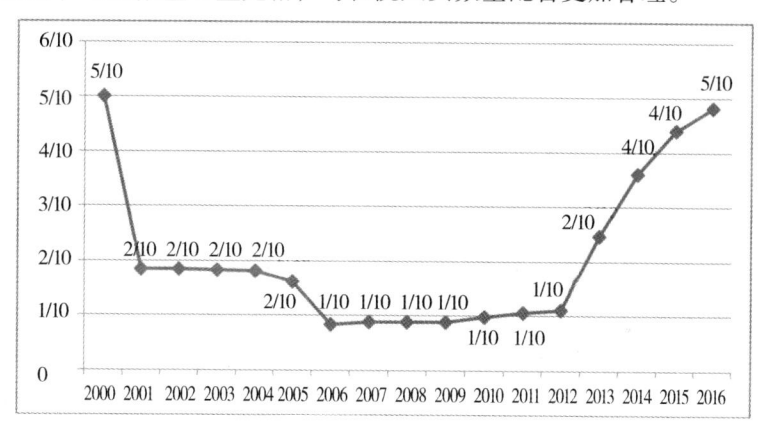

图6—1 山东省养老机构职工数与年末在院人员的比值变化趋势

资料来源：《山东民政统计年鉴2001》—《山东民政统计年鉴2016》。

2. 养老护理专业人员数量供需

养老护理员数量供需矛盾突出。2016年底，山东省各类养老机构的平均入住率为54.5%，存在一定程度的资源浪费现象。如果按照1∶3的标准来配备养老护理员，2016年底各类养老机构大约需要12.3万名护理员。根据山东省民政厅2016年底的数据显示，目前养老机构护理员以及居家社区养老护理员大约有3万名，其中还包括一半以上的无证护理员，这与所需的护理员数量相差甚远，缺口大约9万多名。以机构类为例，

2016年山东省养老护理员人员供给缺口较大。2016年底，养老机构收养人员中的自理、介助、介护人员分别为131313名、31092名、12895名。若对自理人员按照10∶1、对介助和介护人员按照3∶1来配备养老护理员，2016年这部分群体需要4399名养老护理员，两者加起来共需要养老护理员17530名。而2016年山东省累计鉴定合格的养老护理员仅为2219名，其供给量缺口达到15311名。

以2015年《全国1%人口抽样调查资料》数据为基础，测算出山东省失能半失能老人比重为17.4%。根据《山东民政统计年鉴2015》中的资料显示，2015年山东省60岁以上的老人数量为17061372人，因此可以推算出2015年全省失能半失能老人（296.9万人）大致需要99万名养老护理员。以目前不足万人的鉴定合格数量来看，养老护理员供需矛盾尤为突出。若以机构类中的专业技能职工为计算标准，2014—2016年在院老人与专业技能职工的比值分别为10∶1、9∶1、8∶1，养护比有所提升。2016年山东省养老机构中在院老人与专业技能职工的比值高于全国，但与国际上通行的3∶1相比仍然存在差距。因此，山东省养老护理员数量虽然逐年增加，但仍供不应求，缺口较大。

第二节　机构养老服务资源的结构供需

一　养老机构内部供需差异

根据前文中的数据显示，在发展速度上，社区类快于机构类。2013—2016年间，社区类机构数、床位数、职工数和年末在院人员数增长速度较快，快于机构类。社区类机构数和职工数高于机构类，床位数与机构类持平，年末在院人员数低于机构类。在平均规模上，机构类大于社区类，机构类为164张，社区类为22张。在资源利用率方面，机构类利用效率明显高于社区类，相差近7个百分点。就职工的性别构成而言，机构类中女性所占比重高于男性，而社区类是男性高于女性。就受教育程度而言，具备大学专科以上的职工所占比重是机构类高于社区类近5个百分点。就职工的职业资格水平而言，机构类中具备助理社会工作师及以上职业资格的职工所占比重以及45岁以下职工所占比重均高于社区类5个百分点。因受资料的可获取性限制，主要以机构类为例，来分析不同性质养老机构的发展程度差异，相关指标对比见下表（表6—1）。

表6—1　2016年山东省不同性质养老机构发展对比

指标	工商登记	编制登记	民政登记	一块机构多个牌子
机构数（%）	0.7	26.8	72.4	0.2
床位数（万张）	1.0	32.0	67.0	0.0
职工数（人）	0.0	36.0	64.0	0.0
平均规模（张/个）	335.0	192.0	150.0	150.0
年末在院人员（人）	0.4	35.7	63.8	0.02
床位利用率（%）	18.2	66.5	55.5	11.9
职工数与在院人员数比	0.2	0.1	0.2	0.8

资料来源：《山东民政统计年鉴2016》。

根据《山东民政统计年鉴2013》至《山东民政统计年鉴2016》中的数据显示，工商登记和民政登记的养老机构数量增长速度均快于编制登记的养老机构；床位数增长也基本如此。其中，民政登记的养老机构数、床位数、年末在院人员数、职工数均多于编制登记以及工商登记的养老机构。就职工数与在院人员数的比值来看，工商登记、民政登记的养老机构均高于编制登记的养老机构。就床位利用率而言，从高到低依次为编制登记、民政登记以及工商登记的养老机构。

来自山东社会科学院的调查数据显示：公办养老机构的软硬件资源、经费资金来源有稳定的财政拨款为保障，其硬件设施设备配备、入住环境、人员福利待遇、社会认可度、入住率等均好于民办养老机构；公建民营养老机构次之，其硬件设施条件、运营资金补贴保障、社会认可度以及入住率也较高；民办养老机构最差，其政府补贴有限，其他资金来源不足，自负盈亏，亏损率较高。

在民办养老机构的内部，也存在行业内的养老资源垄断现象。龙头养老机构因自身物质基础雄厚、拥有的社会资本较多而发展状况较好，容易形成累积优势，在市场竞争中占据优势地位，对其他发展情况不好的养老机构而言则易形成恶性循环，演化成马太效应（崔树义、田杨，2017）。

二 机构养老服务人员结构的供需

1. 收养人员与职工在性别、年龄构成之间的差异

《山东民政统计年鉴2016》的数据显示,在性别构成中,养老机构中男性职工占58.1%,与年末在院人员中的男性人员所占比重73.4%相比,仍有些距离。以机构类为例,2016年底养老机构在院人员中男性所占比重较高,为73.5%,而女性仅占到26.5%。而机构类女性职工所占比重低于男性。因此,一定数量男性在院人员的需求在供给上存在性别上的不便。

在年龄构成中,养老机构职工略显老化。根据《山东民政统计年鉴2016》的数据显示,在年龄构成上,养老机构中年龄在35—45岁之间的职工所占比重最大,为36%,46岁以上的职工占32%,35岁以上的职工占68%。

2. 职工文化素质、职业化与专业化程度总体不高

2013—2016年,虽然受过大学专科及以上教育的养老护理员人数大幅增长,但其所占比重却从40.3%降至36.8%。就其职业资格水平而言,低级职业等级者居多。养老护理员分初级、中级、高级和技师等四个职业等级。来自山东省民政厅的数据显示,2016年底,全省共有各类养老护理员3万余人,各类护理员资格构成如下图所示(图6—2)。

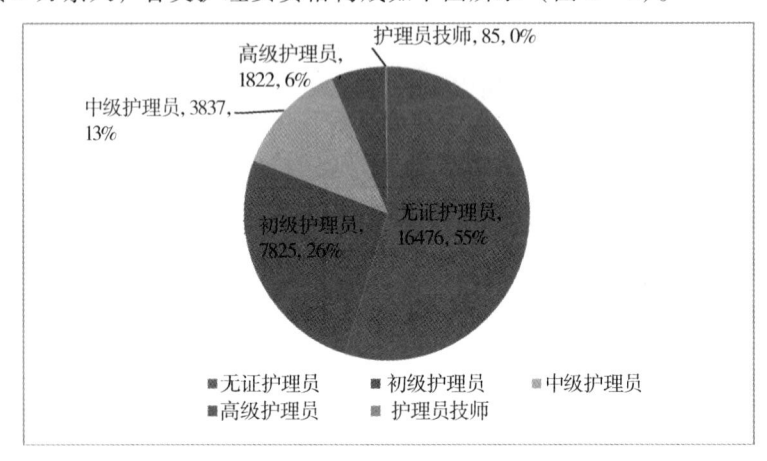

图6—2 2016年山东省养老护理员资格构成情况

资料来源:山东省民政厅。

由上图可见，无证护理员所占比重为55%，超过半数。且在有证护理员中，高级护理员以及技师占全部有证护理员队伍的比重仅为14.1%，占所有护理员的比重更低，仅为6.36%。因此，无证护理员占半数以上，有证者大部分职业级别较低。此外，2016年底，具备助理社会工作师以及社会工作师职业资格的职工所占比重共为3.3%，总体仍偏低。

三 机构养老服务的地区供需

根据《山东民政统计年鉴2016》的数据，在机构数、床位数和职工数方面，中部机构数高于东西部，床位数和职工数依次为东中西。在平均规模方面，从高到低依次为西中东。在年末在院人员数方面，西部高于东中部。以机构类为例，民政登记的养老机构在院人员数为中部高于东西部，编制登记的养老机构在院人员数为西部高于中东部。而特困人员所占比重从高到低依次为西中东，自费人员所占比重顺序与此相对。介助和介护人员所占比重从高到低依次为为东中西。在人均床位数方面，每千名60岁老人床位数东部高于西中部。在资源利用率方面，从高到低依次为东西中。在职工的有效供需上，中东部高于西部。具体到机构类中的专业人员数量，东部高于中西部。在职工的受教育程度构成、职业资格水平构成等方面，东部均好于中西部。在志愿服务水平方面，东部高于中西部。在财政投入方面，福利彩票公益金投入最多的为东部，高于中西部，而国家预算内投资最多的为西部，高于中东部。在养老机构资源的配置方面，床位数配置公平性从高到低依次为西中东部，东部均衡性高于西中部。

来自山东社会科学院的调查数据显示，机构投资规模、床位数规模、护理人员数量、平均年龄、平均工资收入、平均持证率、入住老人数量、入住率、建设补贴、运营盈利、购买保险比例、医养结合等方面从高到低均是东部高于西中部。而在老人收费价格方面，从高到低依次是东中西。主要原因在于东部经济基础雄厚、气候宜人，其养老机构建设的市级财政补助、硬件条件和入住环境情况相对好于中西部，对老人更具有吸引力。与此同时，人口老龄化程度、机构养老需求从高到低依次为东中西（崔树义、田杨，2017）。

第三节 机构养老服务内容与费用供需

一 机构养老服务内容供需

根据《全省老龄事业发展状况暨第四次中国城乡老年人生活状况抽样调查（山东省）成果》的相关数据可以看出，与全国相同，山东省城乡老年人的医疗健康类服务需求最为强烈，而日常生活类服务需求位居第二位，健康教育与心理咨询等服务位于第三位，整体社区服务需求结构比较稳定。根据山东省统计局的调查数据显示，82.85%的老人希望尽快完善社区养老服务，在社区内兴建养老设施或场所。在社区服务项目方面，73.4%的老人存在保健康复需求，但目前能够提供此项服务的社区养老机构和设施仅占47.05%，社区机构养老服务供需内容缺口为26.35%。目前社区类养老机构数量日益增多，发展较快，但其发展程度距离老人需求还有差距。来自山东社会科学院的调查数据显示，几乎所有市县的社区日间照料中心以及农村互助幸福院均成为形式，资源闲置现象严重。同时老人对机构医疗服务需求强烈，但目前养老机构的医养结合难度大，能提供的仅占68%，导致入住老人的医疗服务供需矛盾突出。

就机构类而言，2016年底，山东省养老机构收养的自理、介助、介护人员所占比重分别为74.9%、17.7%和7.4%，自理人员仍占多数，介助、介护老人的医疗护理需求满足受限。

二 机构养老服务收费与老人收入水平

根据最近调查数据显示，养老机构平均每月收费标准最低为1652元，具体收费标准因机构的地理位置、档次等级以及老人照护等级不同而有所不同。但根据《全省老龄事业发展状况暨第四次中国城乡老年人生活状况抽样调查（山东省）成果》的数据显示，2014年，老年人收入低于全省平均水平，平均每月收入为1268元。近半数以上的农村老年人仍然以务农为主要收入来源，农村年平均纯收入为4768.44元。因此，老人的收入水平与调查中养老机构的最低收费标准相比仍存在差距，"住不起"的老人大有人在，对农村老人而言更是如此。

根据山东省统计局的调查数据显示，担忧收入和经济的老年人所占比重近一半，农村高出城市近 5 个百分点。大约 30.4% 的人拒绝社会化养老方式的原因是"服务价格高"。因此，限于经济能力，相当数量的老年人，尤其是农村老年人，其养老有效需求的实现存在较大困难。根据山东社会科学院的调查数据显示，入住养老机构人员以个人经济条件相对较好的公务员、教师、企业管理者为主。

第七章　山东省机构养老服务供需平衡的区域差异

基于《山东民政统计年鉴2016》和《山东统计年鉴2017》的数据，本章运用SPSS 20.0软件，选择指标对山东省各市的宏观供需、有效供需等方面进行描述性和聚类分析，并将结果通过Arcgis 19.0进行直观展示；对东中西部地区机构养老服务发展的指标进行对比，概括出地区发展差异，并对地区机构养老资源配置的公平性和均衡性进行评价；最后计算出未来"9064"养老服务发展格局下各地市养老床位供给的趋势。

第一节　机构养老服务供需平衡的市际差异

一　机构养老服务的供需

通过计算选取各市65岁以上老人所占地市人口的比重、每百名65岁以上老人拥有养老床位数这两个指标，运用SPSS 20.0软件的K—均值聚类方法来衡量山东省各市养老机构的宏观供需情况。

1. 各市养老机构宏观供需的描述性分析

首先对山东省各市65岁以上老人所占地市人口的比重、每百名65岁以上老人拥有养老床位数进行基本描述性分析，描述性统计结果如下表所示（表7—1）。

表7—1　山东省各市养老机构宏观供需的描述性分析

	N	极小值	极大值	均值	标准差
每百名65岁老人床位数（张）	17	2.6	14.9	6.124	2.8580
65岁以上老人所占地市人口的比重（%）	17	4.7	21.2	12.453	3.8975
有效的N（列表状态）	17				

从上表描述性统计结果可见，各市人口老龄化和人均养老床位数的差异明显：每百名 65 岁以上老人床位数差距较大，最多和最少的分别为 14.9 张和 2.6 张；65 岁以上老人所占地市人口的比重最高和最低的分别为 21.2% 和 4.7%。

2. 各市养老机构宏观供需的聚类分析

通过 SPSS 20.0 的 K—均值聚类分析，整理出各市养老机构宏观供需的聚类分析结果，见下表（表 7—2）。

表 7—2　　　　　山东省各市养老机构的宏观供需聚类结果

类别	地　　区	地区数量
第一类	青岛	1
第二类	淄博、枣庄、东营、潍坊、济宁、泰安、临沂、德州、聊城、菏泽	10
第三类	济南、烟台、威海、日照、莱芜、滨州	6

由上表可见，山东省各市养老机构的宏观供需状况可以分为三类：第一类为青岛；第二类包括淄博、枣庄、东营、潍坊、济宁、泰安、临沂、德州、聊城等 10 个地市；第三类为济南、烟台、威海、日照、莱芜、滨州 6 个地市。聚类结果的地图展示如下图所示（图 7—1）。

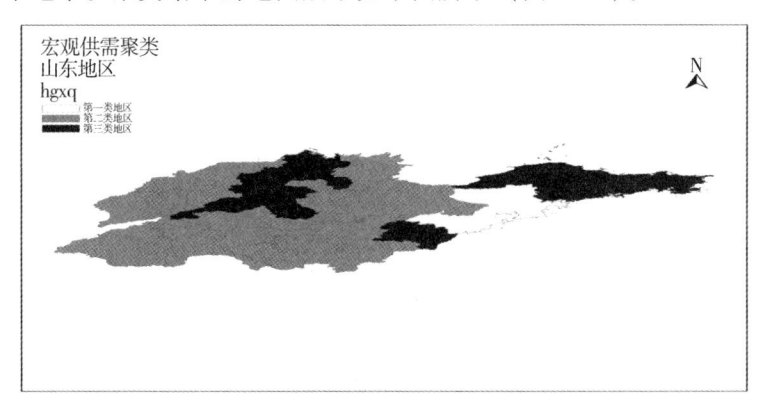

图 7—1　山东省各市养老机构的宏观供需聚类结果

第一类地区仅青岛一个地市，其每百名老人床位数最高、人口老龄化程度最低。青岛每百名老人床位数为 14.9 张，而其人口老龄化程度却为 4.7%。

第二类地区的每百名老人床位数以及人口老龄化程度均处于中等，其均值分别为10.7张以及5.7%。其中，每百名老人床位数最高的枣庄和最低的济宁，分别为7.7张和4.7张；人口老龄化程度最高的淄博和最低的德州，分别为13.6%和7.8%。

第三类地区的每百名老人床位数最低、人口老龄化程度最高，其均值分别为5.3张以及16.6%。其中，每百名老人床位数最高的威海和最低的济南，分别为10.4张和2.6张；人口老龄化程度最高的济南和最低的日照，分别为21.2%和14.8%。

二 各市机构养老服务的有效供需

床位利用率是养老机构在院人员数与床位数的比值，体现了床位资源有效供给和需求之间的关系；养护比为养老机构职工数与在院人员数之间的比值。

以《山东民政统计年鉴2016》为数据来源，运用SPSS 20.0软件，选取山东省各市养老机构的床位利用率、养护比（职工数与年末在院人员数）这两个指标来进行聚类分析。

1. 各市养老机构有效供需的描述性分析

首先对山东省各市养老机构的床位利用率、养护比进行基本描述性分析，描述性统计结果如下表所示（表7—3）。

表7—3　　　　山东省各市养老机构有效供需的描述性分析

	N	极小值	极大值	均值	标准差
床位利用率（%）	17	26.5	77.6	54.506	15.0473
养护比（%）	17	7.2	54.9	27.129	12.2692
有效的N（列表状态）	17				

从上述描述性统计结果可见，各市养老机构的床位利用率和养护比之间的差异也比较大：床位利用率最大值和最小值分别为26.5%和77.6%；养护比最大值和最小值分别为7.2%和54.9%。

2. 各市养老机构有效供需的聚类分析

通过SPSS 20.0的K—均值聚类分析，整理出各市养老机构有效供需的聚类分析结果，见下表（表7—4）。

表 7—4 山东省各市养老机构的有效供需聚类结果

类别	地区	地区数量
第一类	烟台、济宁、菏泽	3
第二类	青岛、淄博、枣庄、东营、日照、莱芜、临沂、聊城、滨州	9
第三类	济南、潍坊、泰安、威海、德州	5

由表 7—4 可见，山东省各市养老机构的有效供需可以分为三类：第一类包括烟台、济宁、菏泽 3 个地市；第二类包括青岛、淄博、枣庄、东营、日照、莱芜、临沂、聊城、滨州 9 个地市；第三类包括济南、潍坊、泰安、威海、德州 5 个地市。聚类结果的地图展示如下图所示（图 7—2）。

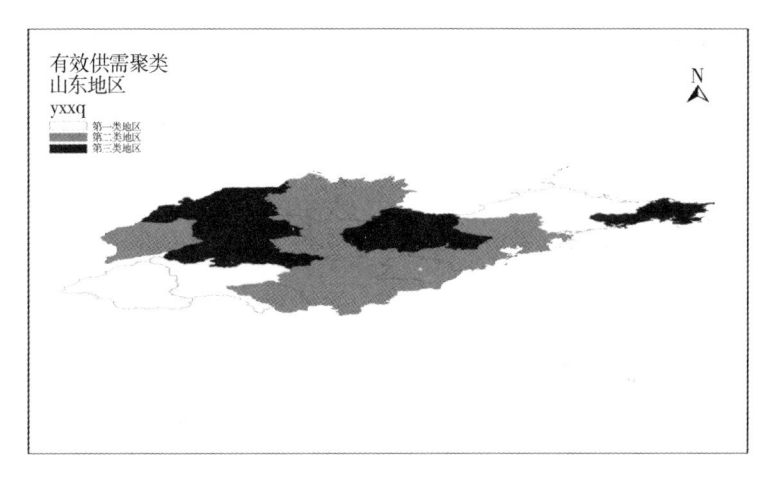

图 7—2 山东省各市养老机构的有效供需聚类结果

第一类地区的床位利用率最高、养护比最低，其均值分别为 75.4%、12.6%。其中，床位利用率最高的地市为菏泽，为 77.6%；烟台和济宁次之，为 74.3%。在该类地区中，养护比最高的烟台和最低的菏泽，分别为 18.1% 和 7.2%。

第二类地区的床位利用率和养护比均处于中等水平，其均值分别为 58.0% 和 24.9%。其中，床位利用率最高的青岛和最低的莱芜，分别为 68.4% 和 53.8%。而养护比最高的青岛和最低的淄博，其均值分别为 40.8% 和 17.5%。

第三类地区为床位利用率最低、养护比最高,其均值分别为35.64%和39.9%。其中,床位利用率最高的地方为泰安,为45.1%;床位利用率最低的地市为德州,为25.5%。而养护比最高的德州和最低的威海,分别为54.9%和34.2%。

第二节 机构养老服务供需平衡的东中西部差异

按照前文中对山东省东中西部的界定标准,主要选取机构数、床位数、职工数、政府财政投入等指标进行对比分析。

一 机构养老服务的宏观供给能力

山东省东中西各类养老机构数量供给如下图所示(图7—3)。2016年底,中部比东部多出309个养老机构,比西部多出345个。东中西部养老机构数占全省的比重分别为32.8%、34.6%、32.6%,中部地区比重略高一点,东西部基本持平。

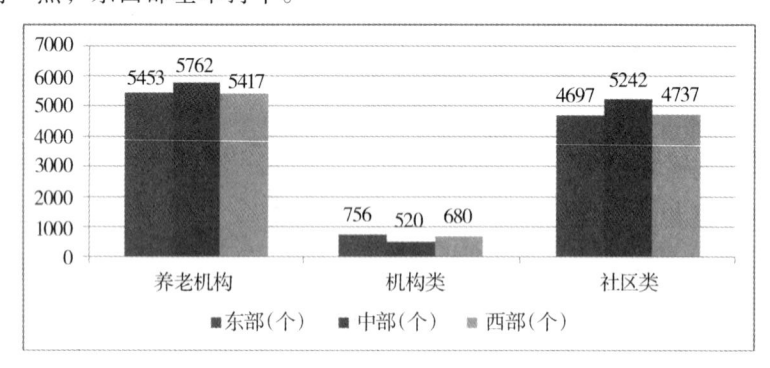

图7—3 山东省东中西部各类养老机构数量对比

资料来源:《山东民政统计年鉴2016》。

东中西部之间的内部差异比较大。东部地区养老机构数最多的为青岛(2444个),最少的为日照(318个);中部地区最多的为济南(1522个),最少的为莱芜(432个);西部地区最多的为临沂(1409个),最少的为菏泽(326个)。

与此同时,不同类型的养老机构数量存在差异。机构类数量东部最多(756个),西部次之(680个),中部最少(520个),其占全省的比重分别为 38.6%、34.7%、26.5%。而社区类中，中部的数量最高（5242个），西部次之（4737个），东部最少（4697个），其占全省比重分别为35.7%、32.3%、32%。因此，中部的养老机构数多于东中部，社区类多于西东部，而机构类少于东西部。

就东中西部各类养老机构内部构成而言，具体见下图（图7—4）。东部机构类所占比重最高，为13.9%，高于中部（9%）和西部（12.6%）。而社区类所占比重从高到低依次为中西东。中部社区类所占比重、东部和西部的机构类所占比重均高于全省平均水平。

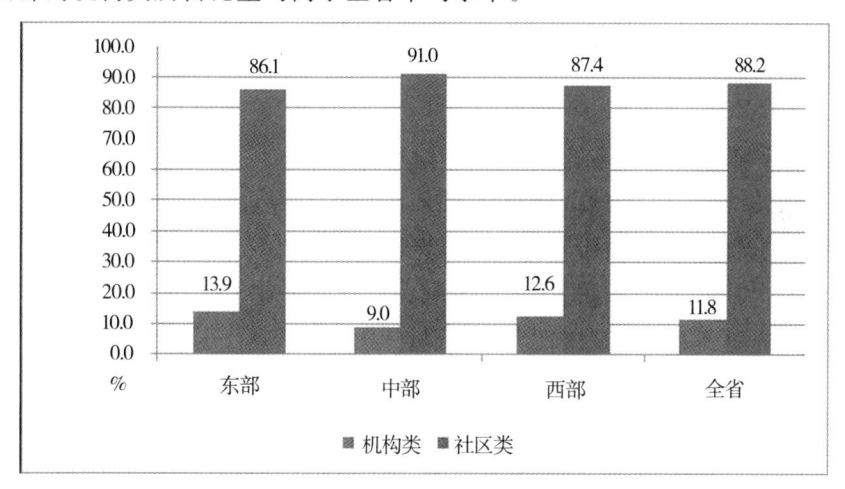

图7—4 山东省东中西部各类养老机构构成对比

资料来源：《山东民政统计年鉴2016》。

以机构类为例，东中西部不同性质的养老机构构成如下图所示（图7—5）。2016年底，在西部地区养老机构的内部构成中，编制部门登记的养老机构所占比重最大（49.6%），高于中部（21.0%）、东部（10.1%）以及全省平均水平（26.8%）。而与此相对，民政部门登记的养老机构所占比重最大的地区为东部地区（89.4%），高于中部（77.5%）、西部（49.9%）和全省平均水平（72.4%）。

以机构类为例，按照床位数划分养老机构的规模等级，三大地区不同性质养老机构的规模等级构成如下图所示（图7—6）。西部养老机构中100—299张床位规模的所占比重最高（58.4%），高于中部（51.9%）、东部（43.5%）以及全省平均水平（50.8%）。而0—99张床位规模的养

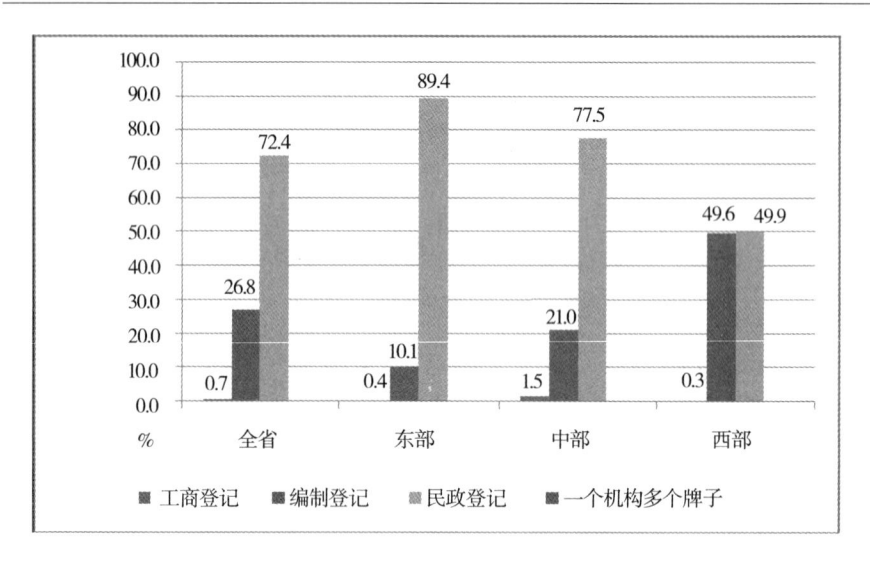

图 7—5　山东省东中西部养老机构性质构成对比

资料来源:《山东民政统计年鉴 2016》。

老机构与此相反,东部最高(44.4%),中部次之(37.9%),西部最低(29%)。总之,100 张以上床位数规模的养老机构所占比重最大的为西部(71%),高于中部(62.1%)、东部(55.6%)和全省平均水平(62.7%)。而 100 张以下床位数规模的养老机构却与之相反,东部高于中部和西部。

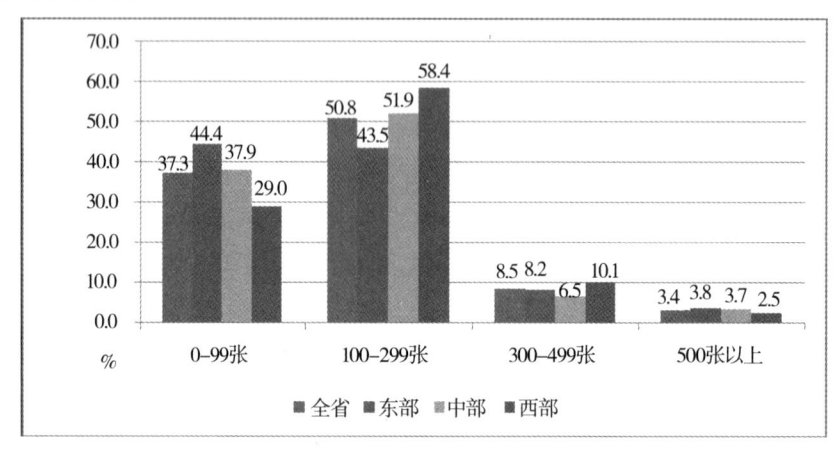

图 7—6　山东省东中西部养老机构的床位规模等级构成对比

资料来源:《山东民政统计年鉴 2016》。

在东部地区中，0—99 张床位数规模的养老机构所占比重最大的地市为青岛（64.8%），最低的为威海（21%）；中部地区最高和最低的分别为济南（51.4%）和莱芜（12.5%）；西部地区最高和最低的分别为枣庄（57.5%）和菏泽（19.2%）

2. 东中西部养老机构床位数的供给对比分析

2016 年底，山东省东中西部的养老机构床位数如下图所示（图 7—7）。2016 年底，西部的养老机构床位数最多（24.1 万张），高于中部（20.6 万张）和东部（19.4 万张）。与此相应，东、中、西部养老机构床位数所占比重从低到高依次为 30.2%、32.1% 和 37.6%。其中，西部机构类床位数居首位（11.8 万张），高于东部（11.6 万张）和中部（8.5 万张），占全省比重分别为 36.8%、36.1% 和 26.5%。社区类床位数的排序也与此相类似，西部排前列。总之，西部的养老机构床位数、机构类与社区类床位数均高于中东部。其中，中部的养老机构床位数、社区类床位数均高于东部。

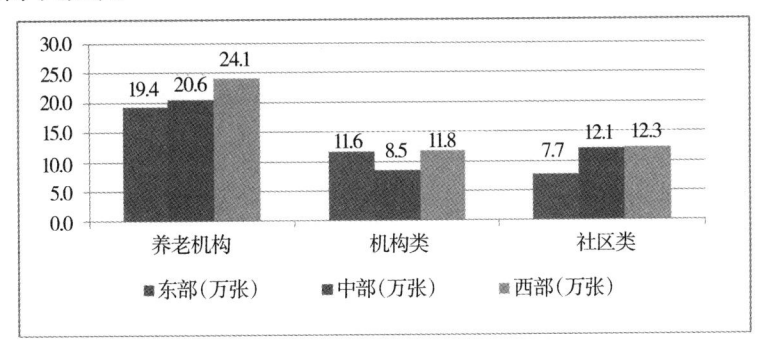

图 7—7　山东省东中西部各类养老机构床位数对比

资料来源：《山东民政统计年鉴 2016》。

与此同时，三大地区内部养老机构床位数也存在差异。在东部地区中，床位数最多的为青岛（6.4 万张），最少的为东营（1.2 万张），两者相差 5 万多张床位。中部地区床位数最多的为潍坊（5.2 万张），最少的为莱芜（1.3 万张），两者相差近 4 万张床位。西部地区床位数最多的为临沂（4.8 万张），最少的为枣庄（3.1 万张），两者相差 1 万多张床位。

就三大地区各类养老机构的内部构成来看，详见下图（图 7—8）。东部机构类床位数所占比重最大（60%），高于西部（49.1%）和中部

（41.2%）。与此相对，东部社区类床位数所占比重（40%）低于西部（50.9%）和中部（58.8%）。因此，机构类床位数所占比重按照大小顺序依次排列为东西中，东部地区机构类所占比重、中西部社区类所占比重均高于全省平均水平。

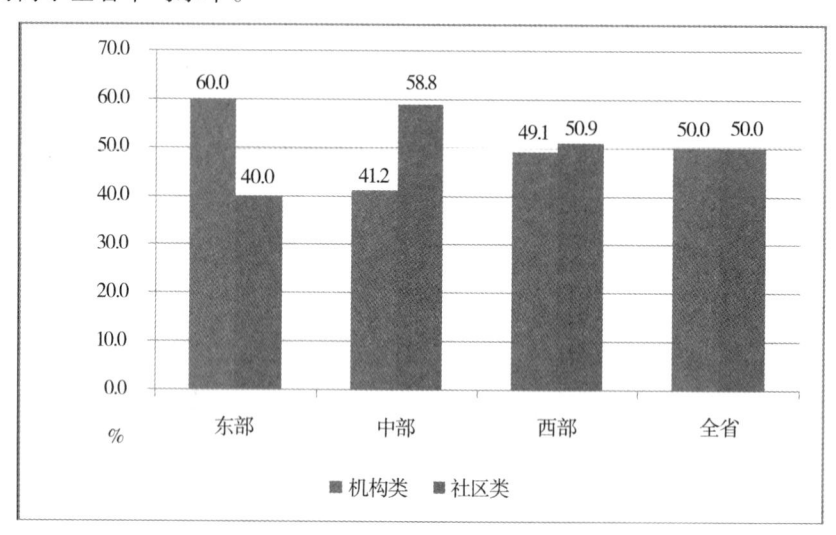

图7—8　山东省东中西部养老机构和设施床位构成

资料来源：《山东民政统计年鉴2016》。

以机构类为例，东中西部地区不同性质养老机构床位数的构成不同，具体见下图（图7—9）。编制部门登记的养老机构所占比重最大的为西部（50.3%），高于中部（23.4%）、东部（17.1%）和全省平均水平（31.4%）。与此相对，民政部门登记的养老机构床位数所占比重最大的为东部（81.3%），高于中部（73.8%）、西部（49.2%）和全省平均水平（67.1%）。在三大地区内部，东部民政部门登记的养老机构床位数所占比重最高的为日照（92.7%），最低的为东营（40%）；中部最高和最低的分别为淄博（92.5%）和济南（54.9%）；西部最高和最低的分别为临沂（91.8%）和济宁（25.5%）。而在东部地区，编制部门登记的养老机构床位数所占比重最高和最低的分别为东营（54.2%）和威海（5.7%）；中部地区最高和最低的分别为济南（44.5%）和淄博（7.5%）；西部地区最高和最低的分别为聊城（67.5%）和临沂（8.2%）。

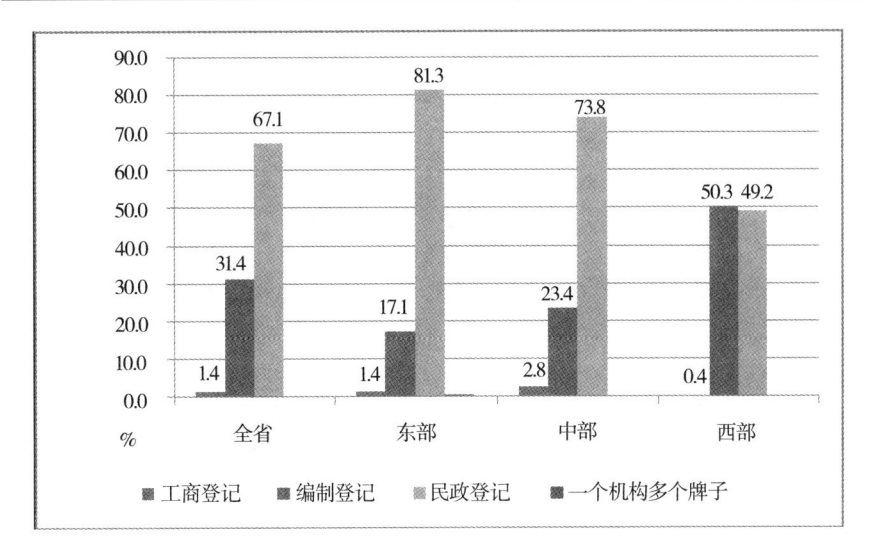

第七章　山东省机构养老服务供需平衡的区域差异　115

图 7—9　山东省东中西部不同性质的养老机构床位构成对比

资料来源:《山东民政统计年鉴 2016》。

3. 东中西部养老机构职工数的供给对比

东中西部各类养老机构的职工数如下图所示（图 7—10）。养老机构职工数最多的地区为东部（3.4 万人），高于西部（2.9 万人）和中部（2.7 万人），各占全省养老机构职工比重为 37.8%、32.2%、30%。其中机构类职工最多的为东部（1.1 万人），高于西部（0.8 万人）和中部（0.7 万人）。而社区类职工最多的仍为东部，中西部基本持平。因此，养老机构职工数从高到低依次排列为东西中，机构类职工数为东西中，社区类为东中西。

在三大地区内部各地市之间差异较大。在东部地区中，养老机构职工数最多和最少的地区分别为青岛（1.8 万人）和东营（0.1 万人）；中部地区最多和最少的分别为泰安（0.7 万人）和莱芜（0.2 万人）；西部地区最多和最少的分别为临沂（0.8 万人）和菏泽（0.3 万人）。在东部地区中，机构类职工数最多和最少的分别为青岛（5235 人）和东营（392 人）；中部地区最多和最少的分别为潍坊（1980 人）和莱芜（148 人）；西部地区最多和最少的分别为济宁（2408 人）和枣庄（641 人）。而在东部地区中，社区类职工数最多的为青岛（1.3 万人），最少的为东营（876 人）；中部地区中最多和最少的分别为泰安（0.7 万人）和滨州（0.2 万

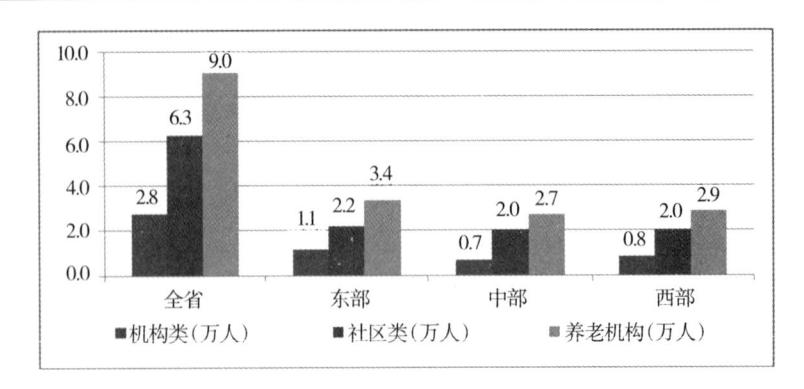

图 7—10　山东省东中西部各类养老机构职工数对比

资料来源：《山东民政统计年鉴 2016》。

人）；西部地区最多和最少的分别为临沂（0.7 万人）和菏泽（400 人）。

东中西部各类养老机构职工的性别构成如下图所示（图 7—11）。女性职工所占比重最高的为东部（43.9%），略高于中部和西部，中西部均低于全省平均水平（41.9%）。其中机构类女性职工数所占比重最高的为东部（59.6%），高于中部（57.3%）和西部（49.8%），中东部均高于全省平均水平（55.9%）。社区类女性职工数所占比重最高的为中部（36.1%），高于东部（35.8%）和西部（35.1%）。因此，养老机构、机构类女性职工所占比重从高到低依次排列为东中西，社区类为中东西。

在东部地区中，养老机构女性职工所占比重最高和最低的分别为烟台（64.4%）和青岛（31.1%）；中部地区养老机构女性职工所占比重最高和最低的分别为淄博（48.2%）和莱芜（33.8%）；西部地区最高和最低的分别为德州（46.7%）和临沂（31.8%）。

2016 年底，山东省东中西部各类养老机构职工的年龄构成如下图所示（图 7—12）。养老机构 45 岁以下职工所占比重最高的为西部（75.4%），高于中部（69.3%）和东部（60.8%），东部低于全省平均水平（68%）。社区类 45 岁以下职工所占比重较高的为西部（75.2%），机构类 45 岁以下职工所占比重较高的为西部（75.8%）。因此，山东省各类养老机构 45 岁以下职工所占比重从高到低依次排列均是西中东。

在东部地区中，养老机构 45 岁以下职工数所占比重最大和最小的分别为日照（91.9%）和青岛（53.3%）；中部地区最大和最小的分别为莱芜（81.9%）和潍坊（58.8%）；西部地区最大和最小的分别为临沂

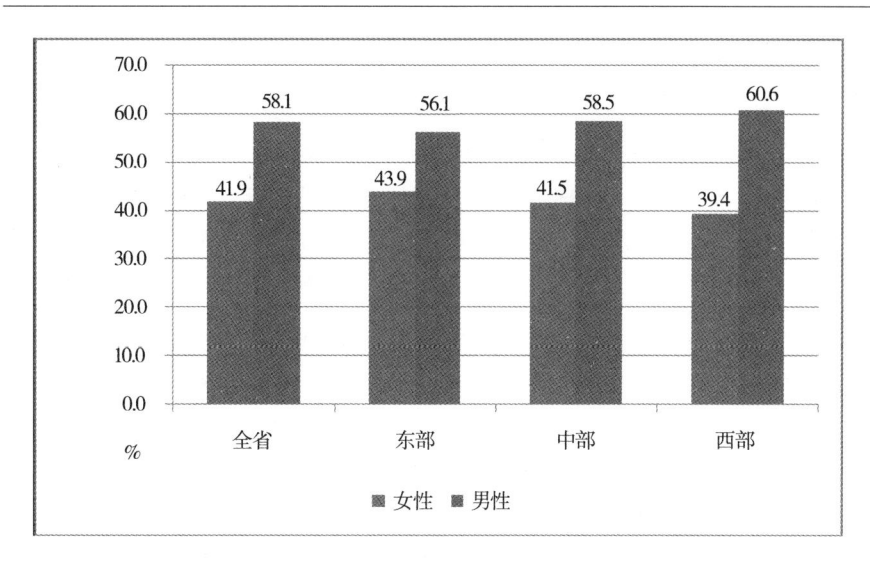

图 7—11　山东省东中西部各类养老机构职工性别构成

资料来源：《山东民政统计年鉴 2016》。

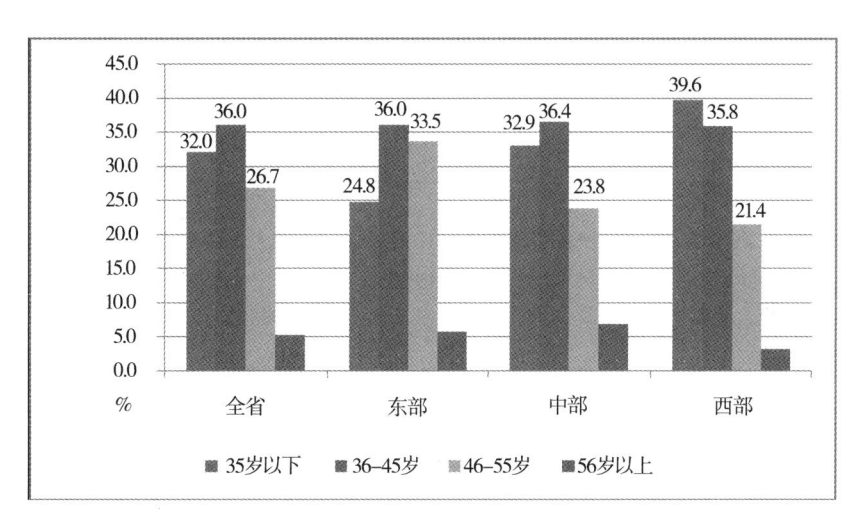

图 7—12　山东省东中西部各类养老机构的职工年龄构成对比

资料来源：《山东民政统计年鉴 2016》。

（79.3%）和枣庄（69.3%）。东部地区机构类 45 岁以下职工所占比重最大和最小的分别为日照（87%）和东营（60.7%）；中部最大和最小的分别为滨州（77.7%）和济南（68.4%）；西部地区为济宁（79.2%）和聊城（67.5%）。在东部地区中，社区类 45 岁以下职工所占比重最高和最低的分别为日照（95.5%）和青岛（47.4%）；中部最高和最低的分别为莱芜（82.4%）和泰安（53.9%）；西部分别为菏泽（89%）和枣庄（69.1%）。

2016年底，东中西部各类养老机构职工的受教育程度构成如下图所示（图7—13）。大专以上受教育水平职工所占比重最高为东部。其中机构类大专以上受教育水平职工所占比重最高的为东部（44.1%），高于中部（34.6%）和西部（33.4%），中西部均低于全省平均水平（39.8%）。社区类大专以下受教育水平职工所占比重最高的仍为东部（39.1%），高于西部（35%）和中部（32.1%），中西部均低于全省平均水平（35.5%）。因此，养老机构中大专以上受教育水平职工所占比重从高到低依次为东西中，其中社区类排序与此一致，机构类为东中西。

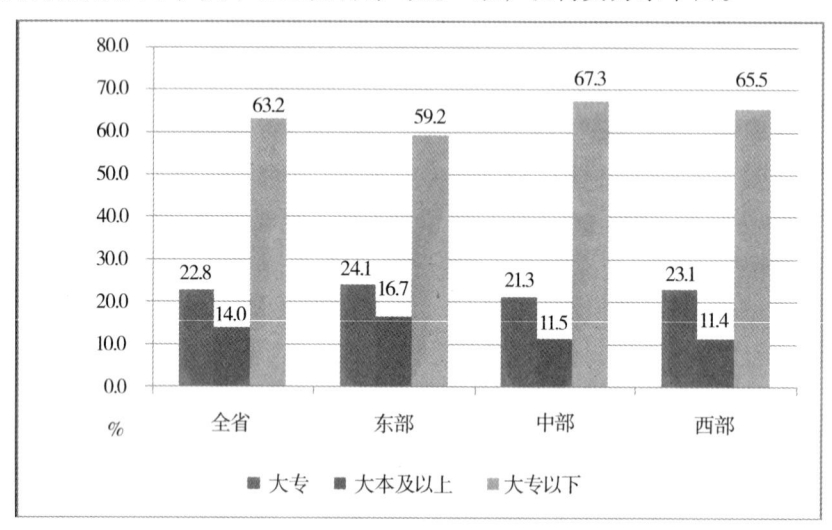

图7—13 山东省东中西部各类养老机构职工受教育程度构成

资料来源：《山东民政统计年鉴2016》。

在东部地区中，养老机构大专以上职工所占比重最大和最小的分别为威海（52.7%）和东营（32.2%）；中部最高和最低的分别为莱芜（65.1%）和滨州（22.8%）；西部地区最大和最小的分别为临沂（44.9%）和聊城（22.3%）。在东部地区中，机构类大专以上职工所占比重最大和最小的分别为青岛（49.7%）和日照（29%）；中部地区分别为莱芜（54.1%）和滨州（22.8%）；西部则为临沂（43.5%）和济宁

(19.9%)。在东部地区中，社区类大专以上职工所占比重最大和最小的分别为日照（69.7%）和东营（28.2%）；中部为莱芜（65.9%）和潍坊（19.2%）；西部为菏泽（80.3%）和聊城（15.2%）。

2016年底，东中西部各类养老机构职工的职业资格构成如下图所示（图7—14）。养老机构中助理社会师所占比重最高的为东部（3.5%），高于西部（2.5%）和中部（1.1%），东西部均高于全省平均水平（2.4%）。社会工作师所占比重最高的为西部（1.2%），高于东部（0.9%）和中部（1.8%），西部低于全省平均水平（0.9%）。机构类中具备助理社会师以上职业资格的职工所占比重最高的为西部（10.2%），高于东部（5.8%）和中部（4.2%），中东部均低于全省平均水平（6.7%）。社区类中具备助理社会师以上职业资格的职工所占比重最高的为东部（3.6%），高于中部（1%）和西部（1%），中西部均低于全省平均水平（1.9%）。因此，养老机构中具备助理社会工作师以上职业资格水平的职工所占比重从高到低依次排列为东西中，分别为4.4%、3.7%和1.8%。其中，机构类从高到低依次排列为西东中，社区类为东中西。

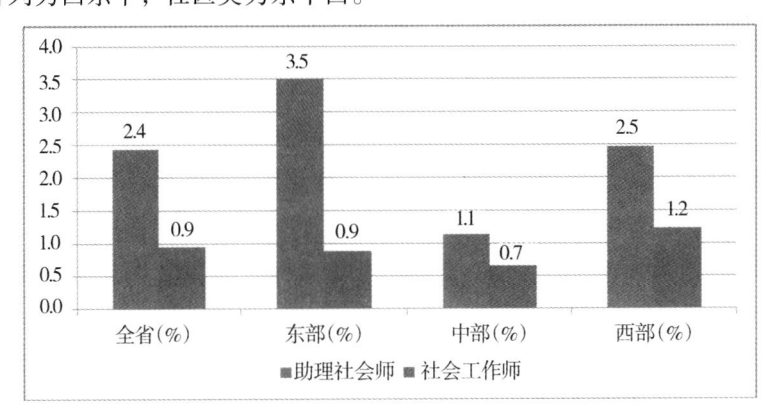

图7—14 山东省东中西部各类养老机构职工的职业资格构成
资料来源：《山东民政统计年鉴2016》。

在东部地区中，养老机构中具备助理社会工作师以上资格的职工所占比重最高和最低的分别为东营（13%）和威海（1.9%）；中部地区为潍坊（2.5%）和泰安（0.6%）；西部地区为济宁（17.2%）和临沂（0.5%）。在东部地区中，机构类中具备助理社会工作师以上职业资格的职工所占比重最高和最低的分别为东营（39.3%）和青岛（2.3%）；中部地区为莱芜

(12.2%)和济南(2.6%);西部地区为菏泽(7.3%)和枣庄(0.1%)。在东部地区中,社区类中具备助理社会工作师以上职业资格的职工所占比重最高和最低的分别为青岛(5.6%)和日照(0%);中部地区为济南(2.3%)和泰安(0.1%);西部地区为菏泽(7.3%)和枣庄(0.1%)。

二 机构养老服务的政府财政投入

1. 东中西部养老机构的基本建设投资状况对比分析

2016年底,山东省为老年人和残疾人提供收养服务基本建设的投资总额为67418.1万元,其中西部地区最多,中部次之,东部最低。在投资构成中,三大地区存在差异,见下图(图7—15)。国家预算内投资所占比重最高的地区为西部(58.9%),高于东部(34.7%)和中部(24.2%)。福利彩票公益金投资所占比重最高的为东部(55.7%),高于中部(29.3%)和西部(13.6%),中西部均低于全省平均水平(37.3%)。而其他来源渠道的投资所占比重最高的为中部(46.6%),高于西部(13.6%)和东部(9.6%),中西部均高于全省平均水平(24%)。因此,一般国家预算投资所占比重从高到低依次排列为西东中,而福利彩票公益金所占比重从高到低依次排列为东中西,其他则为中西东。

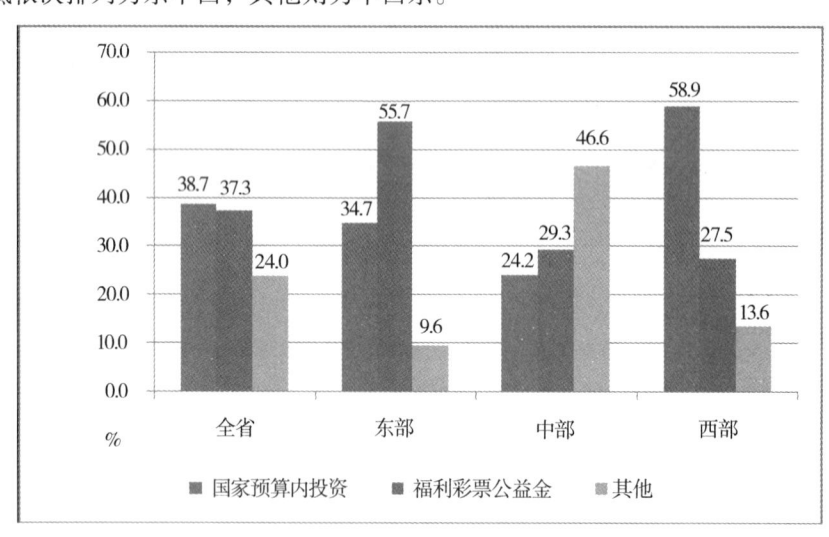

图7—15 山东省东中西部养老机构基本建设投资构成对比

资料来源:《山东民政统计年鉴2016》。

2. 东中西部养老机构的老年福利事业费支出对比分析

在社会服务事业费中,山东省东中西部地区的老年福利支出情况见下图(图7—16)。支出总额最高的地区为东部(6.2亿元),高于西部(5.7亿元)和中部(3.8亿元),各占全省老年福利总支出的比重分别为39.2%、36.1%、24.1%。因此,老年福利社会服务事业费用支出总额从高到低依次为东西中,其占社会福利支出总额的比重高低顺序与此一致。

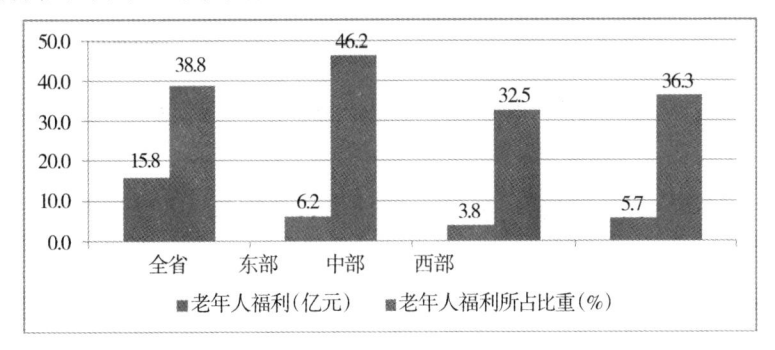

图7—16 山东省东中西部社会服务事业费中老年福利支出

资料来源:《山东民政统计年鉴2016》。

2016年底,东中西部一般公共财政预算财政拨款中的老年福利支出情况也不一致,见下图(图7—17)。用于老年福利的一般公共预算财政拨款总额最高的为中部(4.5亿元),明显高于西部(4.0亿元)和中部(1.9亿元),各占全省老年福利支出的比重分别为42.3%、37.7%、18%。东中西部用于老年福利的一般公共预算财政拨款占社会福利支出比重最高的为东部(44.9%),高于西部(32.8%)和中部(23.2%),中西部均低于全省平均水平(34.7%)。因此,用于老年福利的一般公共预算财政拨款总额从高到低依次为东西中,其占社会福利支出的比重高低顺序与此一致。

三 机构养老服务的有效需求

1. 东中西部养老机构的年末在院人员数量对比

2016年底,山东省东中西部年末在院人员数见下图(图7—18)。西部年末在院人员数最多(14.4万人),高于东部(11.82万人)和中部(9.2万人),占全省年末在院人员数的比重分别为40.7%、33.3%、

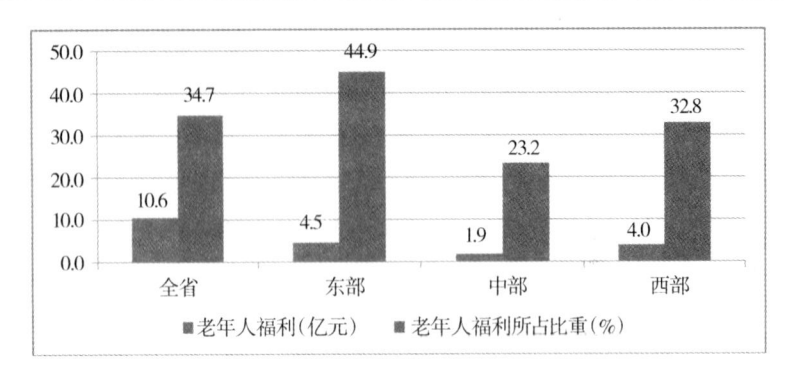

图 7—17　山东省东中西部一般公共预算财政拨款中老年福利支出

资料来源:《山东民政统计年鉴 2016》。

26%。机构类、社区类年末在院人员数多少与此相类似,西部高于东中部。因此,山东省各类养老机构年末在院人员数量从大到小依次排列为西东中部。

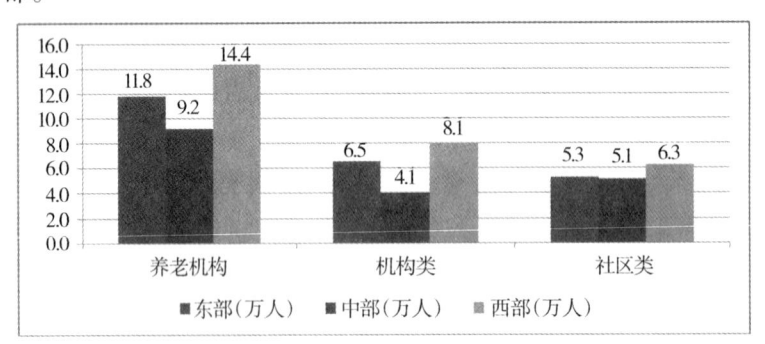

图 7—18　山东省东中西部养老机构年末在院人员对比

资料来源:《山东民政统计年鉴 2016》。

就东中西部地区内部各类养老机构的年末在院人员数而言,各市差异比较大。东部地区各类养老机构年末在院人员数最多的是青岛(4.4万人),最少的为东营(0.7万人),两者相差3万多人;中部地区各类养老机构年末在院人员数最多的为淄博(2.1万人),最少的为莱芜(0.7万人),前者为后者的3倍;西部地区年末在院人员数最多的是菏泽(3.5万人),最少的为德州(0.9万人),前者为后者的近4倍。就机构类年末在院人员数而言,东部最多的地区为青岛(2.3万人),最少的为东营(0.2万人),前者为后者的10倍多;中部最多的为滨州(1.0万人),最少的为莱芜（0.1万人），前者为后者的10倍；西部最多的为菏泽（3.3万人），最少的为德州（0.4万人），两者相差近3万人。而对社区类年末在院人员数，东部地区最多的为青岛（2.1万人），最少的为威海（0.2万人），前者为后者的10倍多；中部最多的为淄博（1.4万人），最少的为潍坊（0.5万人），前者为后者的2倍多；西部最多的为临沂（1.7万人），菏泽最少（0.2万人），前者为后者的近9倍。

2. 东中西部养老机构的年末在院人员构成对比

以机构类为例，三大地区不同性质养老机构年末在院人员构成如下图所示（图7—19）。编制部门登记的养老机构在院人员所占比重最高的地区为西部（55.5%），中东部次之且基本持平。而民政部门登记的养老机构在院人员所占比重最高的为中部（79.2%）；东部次之，为79%；西部最低，为44.2%。因此民政部门登记的养老机构在院人员所占比重从高到低依次为中东西，而编制部门登记的高低顺序为西中东。在东部地区中，编制部门登记的养老机构在院人员所占比重最高和最低的分别为东营（57.6%）和日照（6.0%）；中部最高和最低的分别为潍坊（38.2%）和泰安（8.3%）；西部最高与最低的分别为济宁（81%）和临沂（10.9%）。而在东部地区中，民政部门登记的养老机构在院人员所占比重最高和最低的分别为日照（94%）和东营（41.6%）；中部最高和最低的分别为泰安（91.7%）和潍坊（60.8%）；西部最高和最低的分别为临沂（89.1%）和济宁（18.9%）。因此，就编制部门登记的养老机构在院人员所占比重来看，西部地区低于中东部地区；而民政部门登记的养老机构在院人员所占比重来看，从高到低依次为中东西。

以机构类为例，东中西部地区年末在院人员的性质构成如下图所示（图7—20）。特困人员所占比重最高的地区为西部（73.7%），高于中部（41.4%）、东部（29.5%）和全省平均水平（51%）。因此，东部地区养老机构中的自费老人居多，而西部地区的特困人员居多，这可能和各地区的平均经济发展水平相关。

在东部地区中，自费人员所占比重最高的为青岛（71.3%），最低的为日照（8%）；而在中部地区中淄博最高（83.8%），最低的为泰安（9.3%）；而西部地区中枣庄最高（56.1%），最低的为临沂（12.1%）。就特困人员所占比重来讲，东部地区最高的为日照（81.8%），最低的为青岛

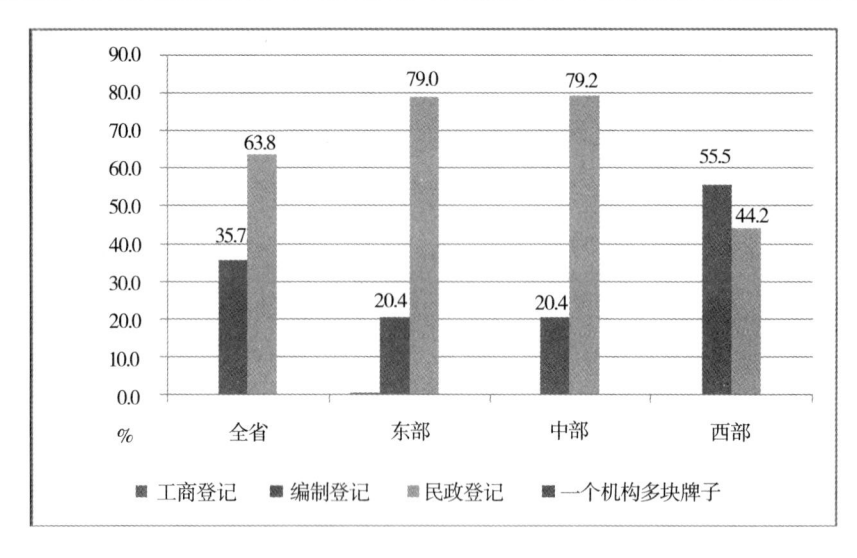

图 7—19　山东省东中西部不同性质养老机构年末在院人员构成对比

资料来源：《山东民政统计年鉴 2016》。

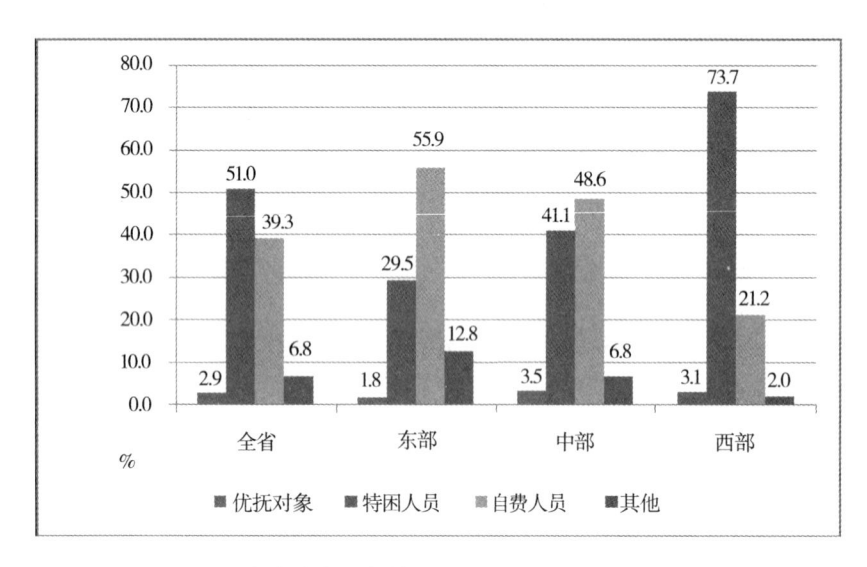

图 7—20　山东省东中西部养老机构年末在院人员性质构成对比

资料来源：《山东民政统计年鉴 2016》。

（3.9%）；在中部地区中，最高的为泰安（84%），最低的为莱芜（3.1%）；而西部地区最高的和最低的分别是临沂（83%）和枣庄（38.7%）。

2016年底，东中西部养老机构年末在院人员的年龄构成如下图所示（图7—21）。老人所占比重最大的地区为西部（97.3%），高于中部

(91.3%)、东部（86.5%）和全省平均水平（92.2%）。就东部地区内部，老人所占比重最高的地区为日照（96%），最低的为青岛（75.7%）；中部地区中最高和最低的分别为滨州（97.6%）和济南（85.6%）；西部地区中最高的和最低的分别为菏泽（99.4%）和德州（93.3%）。

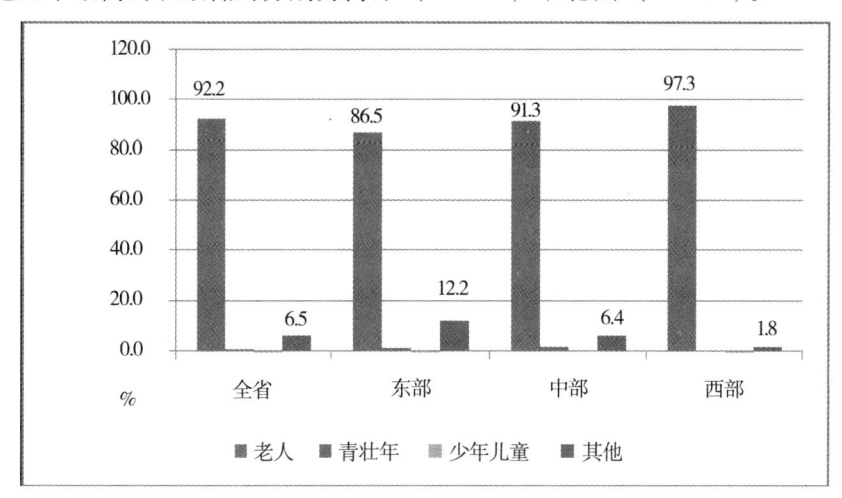

图7—21 山东省东中西部养老机构年末在院人员性质年龄构成对比

资料来源：《山东民政统计年鉴2016》。

2016年底，东中西部养老机构年末在院人员的类型构成如下图所示（图7—22）。自理人员所占比重最大的地区为西部（77.1%），高于中部（68.5%）、东部（62.1%）以及全省平均水平（70.1%）。而介助和介护人员所占比重均是东部高于中部，中部高于西部。

就山东省三大地区内部而言，东部地区中自理人员所占比重最高的地区为日照（89.7%），最低的为青岛（53%）；中部地区中最高和最低的分别为滨州（73.8%）和淄博（65.3%）；西部地区中最高和最低的分别为临沂（95%）和德州（64%）。

四 机构养老服务的有效供需

1. 东中西部养老机构的床位利用率对比

2016年底，山东省东中西部地区的床位利用率如下图所示（图7—23）。全省养老机构床位利用率从大到小依次排列为东部、西部和中部。机构类床位利用率最高的地区为西部（68.2%），而社区类床位利用率最

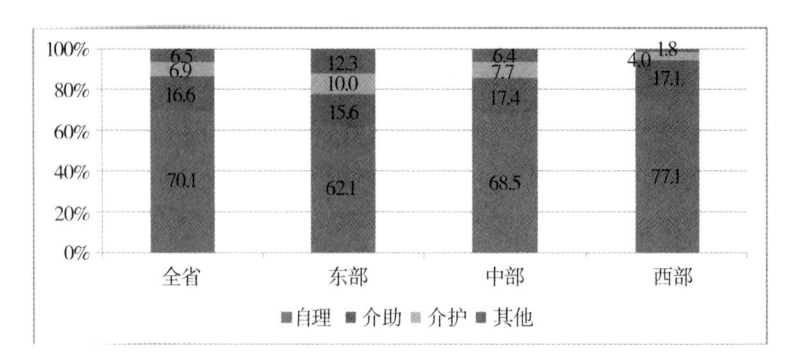

图 7—22 山东省东中西部养老服务机构年末在院人员类型构成对比

资料来源:《山东民政统计年鉴 2016》。

高的为东部 (67.8%)。

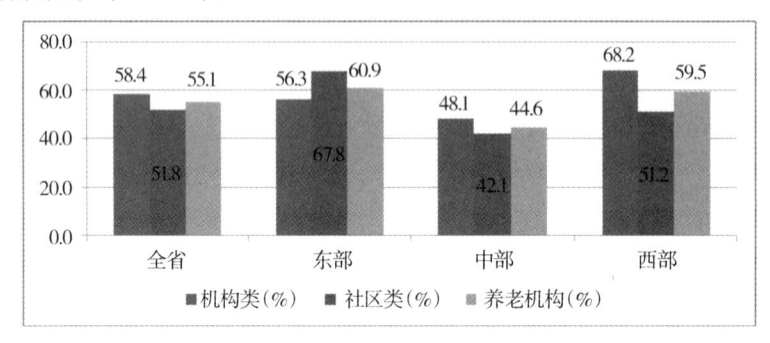

图 7—23 山东省东中西部各类养老机构和设施床位利用率对比

资料来源:《山东民政统计年鉴 2016》。

而在东中西部地区的内部,各市养老机构床位利用率也存在差异:东部养老机构床位利用率最高的为烟台 (74.3%),最低的为威海 (36.4%);中部地区最高和最低的分别为淄博 (58%) 和潍坊 (28.3%);西部最高和最低的分别为菏泽 (77.6%) 和德州 (26.5%)。东部机构类床位利用率最高和最低的分别为烟台 (69.5%) 和威海 (48.1%);中部地区最高和最低的分别为泰安 (68.9%) 和潍坊 (38.7%);西部地区则为菏泽 (42.1%) 和德州 (79.5%)。

以机构类为例,山东省东中西部不同性质的养老机构床位利用率如下图所示 (图 7—24)。西部地区床位利用率最高 (52.7%):一个机构多个牌子的养老机构床位利用率西部最高 (25.2%),高于东部 (6.7%);编制部门登记的养老机构床位利用率最高为西部 (75.2%),高于东部

（66.9%）和中部（41.9%）；民政部门登记的养老机构床位利用率最高为西部（61.2%），高于东部（54.7%）和中部（51.6%）。因此编制部门登记、民政部门登记的养老机构床位利用率均是西部高于中部和东部。

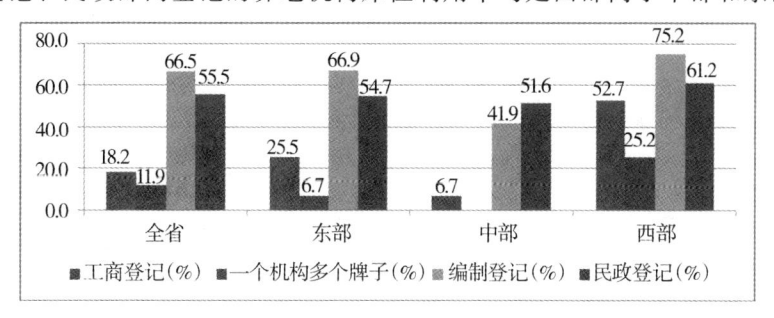

图7—24 山东省东中西部不同性质养老机构的床位利用率对比

资料来源：《山东民政统计年鉴2016》。

2. 东中西部养老机构的养护比对比分析

2016年底，山东省东中西部地区职工数与年末在院人员数比值分别为3∶10、3∶10与2∶10。中东部与全省平均水平（3∶10）基本持平，西部低于全省平均水平。在东部地区内部，青岛和烟台的职工数与年末在院人员数比值相对较高，分别为2∶5、3∶10，其余均为1∶5；中部地区中潍坊和泰安最高（2∶5），最低的为淄博和滨州（1∶5）；西部地区中最高的为德州（1∶2），最低的为济宁和菏泽（1∶10）。

养老护理员作为提供养老服务的专业人才，其队伍建设与养老服务的质量息息相关。以机构类为例，来考察东中西部地区养老机构中专业技能人员与年末在院老人的比值。根据《山东民政统计年鉴2016》中的数据，计算出东中西部养老机构中专业技能人员与年末在院老人的比值分别为1∶5、1∶10和1∶10，东部高于中西部地区以及全省平均水平（1∶10）。因此，东部地区养老机构专业技能人员与年末在院老人比值高于中西部，专业技能人员相对较多。

在东部地区内部，养老服务机构中专业技能人员与年末在院老人比值最高的为青岛（1∶5），其他均为1∶10；中部地区最高的为济南和潍坊（1∶5），其余均为1∶10；西部地区最高的为德州（1∶5），最低的为菏泽（0），其余均为1∶10。

五 机构养老服务的宏观供需

1. 东中西部养老机构的人均床位数对比

在人口老龄化程度和人均床位数方面,山东省东中西部各不相同。分别以 60 岁和 65 岁为老年人标准,计算东中西部地区每千名老年人拥有的养老床位数,具体见下图(图7—25)。若以 60 岁为老人标准,每千名老人拥有养老床位数最多的为东部(48.1 张),高于全省平均水平(34.4 张)、西部(31.4 张)和中部(29.5 张)。若以 65 岁为老人标准,最多的为东部(72.4 张),高于西部(54.7 张)、全省平均水平(54.4 张)和中部(43.7 张)。在东部地区,每千名老人拥有的养老床位数最高和最低的分别为青岛和日照;中部地区最高和最低的分别为莱芜和济南;西部地区最高和最低的分别为枣庄和临沂。

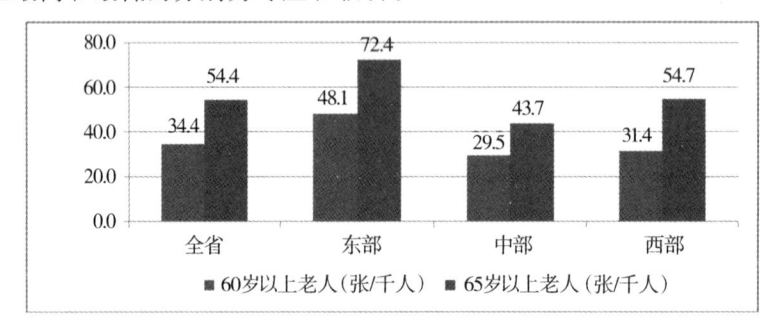

图 7—25　山东省东中西部每千名老人拥有床位数对比

资料来源:《山东民政统计年鉴 2016》。

具体到机构类、社区类床位,山东省三大地区的人均养老床位数情况如下图所示(图7—26)。以 60 岁为老人标准,2016 年底,每千名老人拥有机构类床位数从高到低依次排列为东西中部,分别为 28.8 张、15.5 张、12.2 张。而每千名老人拥有社区类床位数从高到低依次排列为东中西部,分别为 19.2 张、17.3 张和 16.0 张。

在东部地区中,每千名 60 岁老人拥有的机构类床位数最高的为青岛(74.6 张),最低的为日照(13.1 张);中部地区最高和最低的分别为滨州(16.6 张)和济南(7.1 张);西部地区最高和最低的分别为菏泽(30 张)和枣庄(6.9 张)。在东部地区中,每千名 60 岁老人拥有的社区养老机构和设施床位数最高的为青岛(38.9 张),最低的为日照(9.0 张);

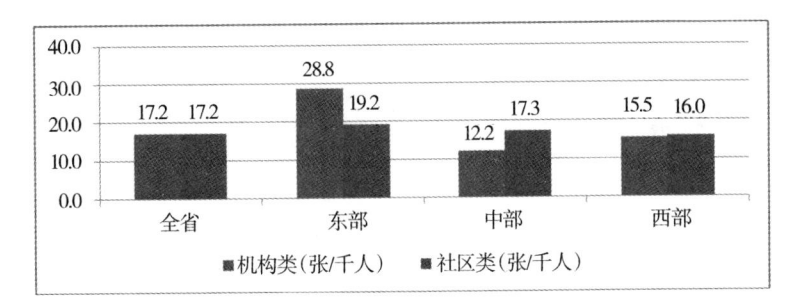

图7—26 山东省东中西部每千名60岁老人拥有类养老机构床位数

资料来源:《山东民政统计年鉴2016》。

中部地区最高和最低的分别为莱芜(32.9张)和济南(10.5张);西部地区最高和最低的分别为枣庄(30.1张)和菏泽(2.3张)。

若以65岁为老人标准,三大地区的人均养老床位数又略有差异,见下图(图7—27)。2016年底,每千名老人拥有机构类床位数从高到低依次排列为东西中部,分别为43.4张、26.9张和18.0张。每千名老人拥有社区类床位数从高到低的排序与机构类相同,依次为东西中部,分别为29张、27.8张和25.7张。中部低于全省平均水平(27.2张)。因此,以65岁为老人标准,每千名老人拥有的机构类和社区类床位数从高到低排列均为东西中部。

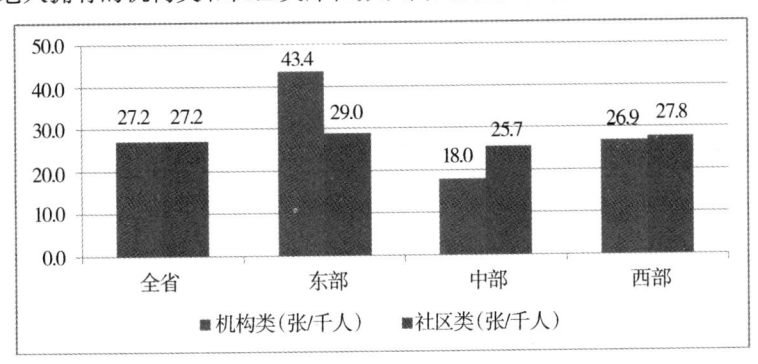

图7—27 山东省东中西部每千名65岁老人拥有养老机构床位数

资料来源:《山东民政统计年鉴2016》。

在东部地区中,每千名65岁老人拥有的机构类床位数最高的为青岛(97.9张),最低的为日照(21.8张);中部地区最高和最低的分别为滨州(25.1张)和济南(10.4张);西部地区最高和最低的分别为菏泽(44.2张)和枣庄(14.3张)。在东部地区中,每千名60岁老人拥有的社区类床位数最高的为青岛（51.1张），最低的为日照（15.0张）；中部地区最高和最低的分别为莱芜（46.7张）和济南（15.4张）；西部地区最高和最低的分别为枣庄（62.2张）和菏泽（3.4张）。

2."9064"发展格局下东中西部养老机构床位数供需对比

以"9064"养老服务发展格局为基础来，计算2016年底山东省各类养老机构床位数的缺口，见下表（表7—5）。在"9064"养老发展格局下，东中西部地区除了东部地区的床位数量超出需求数量外，中部和西部地区床位数均存在供给不足问题，缺口高达7万多张。若再加上空床率，缺口可能会更大。

表7—5　2016年底山东省各地区养老机构床位数对比

地区	9064模式下入住养老机构人数（万人）	床位数（万张）	缺口（万张）	缺口比例（%）
全省	74.7	64.2	10.5	14.1
东部	16.1	19.4	-3.2	
中部	27.9	20.6	7.3	26.3
西部	30.7	24.1	6.6	21.4

资料来源：《山东民政统计年鉴2016》。

3.东中西部养老机构的人均养老护理员对比分析

以山东省民政厅提供的2016年底全省养老护理员数量以及《山东民政统计年鉴2016》中的65岁以上老年人口规模为数据来源进行计算，东部地区每千名65岁以上老人拥有的养老护理员数最高，为3.7人；西部次之，为2.6人；中部地区最低，为1.9人。就各地区内部而言，东部地区最高的青岛和最低的日照分别为11.9人和0.7人；中部地区最高的淄博和最低的莱芜分别为3.1人和0.8人；西部地区最高的济宁和最低的聊城分别为5.6人和1.3人。

就不同类型的养老机构人均护理员数而言，东中西部存在差异。每千名65岁老人拥有的机构类养老护理员数从高到低依次排列为东部（2.9人）、西部（1.7人）和中部（1.4人）。在东部地区中，最高的青岛和最低的日照分别为8.1人和0.7人；中部地区最高的淄博和最低的莱芜分别为2.3人和0.8人；西部地区最高的枣庄和最低的聊城分别为2.3人和1.2人。

同时，每千名65岁老人拥有的社区类养老护理员数从高到低依次排列为西部（0.83人）、东部（0.82人）和中部（0.52人）。在东部地区中，最高的青岛和最低的日照分别为3.8人和0人；中部地区最高的淄博和最低的莱芜分别为0.8人和0人；西部地区最高的为济宁，其余均较低。

六 机构养老服务资源配置差异

基尼系数是衡量收入分配平等程度的重要指标，目前已被广泛用于反映社会经济发展中各类资源配置的公平性程度（周方，1993）。基尼系数的取值介于0和1之间，"0"和"1"分别表示分配完全平等和绝对不平等，其取值越大，说明分配不平等程度越大。通常情况下，0.4为分配差距的"警戒线"。在这里借用基尼系数评价山东省东中西部地区养老机构资源分布的差异性，借以判断其区域养老机构资源配置的公平性。

以国际通行的65岁为老年人标准，选取山东省17地市的每千名老人机构数、每千名老人床位数、每千名老人职工数三个指标来测量养老机构资源，见下表（表7—6）。

表7—6　山东省各地区养老机构、床位、职工资源分布情况

地区		65岁以上老人（人）	机构（个）	床位（张）	职工（人）	每千名老人机构（个/千人）	每千名老人床位（张/千人）	每千名老人职工（个/千人）
东部	青岛	433530	2444	64575	18031	5.6	149.0	41.6
	烟台	1153529	1162	55146	7408	1.0	47.8	6.4
	威海	447083	1196	46366	5093	2.7	103.7	11.4
	东营	211321	333	11778	1268	1.6	55.7	6.0
	日照	428254	318	15780	1769	0.7	36.8	4.1
中部	济南	1536471	1522	39636	5185	1.0	25.8	3.4
	淄博	636144	747	35483	3593	1.2	55.8	5.6
	潍坊	1019498	1370	51588	6069	1.3	50.6	6.0
	泰安	687510	1230	39480	7325	1.8	57.4	10.7
	莱芜	220297	432	12730	2186	2.0	57.8	9.9
	滨州	607222	461	26777	2936	0.8	44.1	4.8

续表

地区		65岁以上老人（人）	机构（个）	床位（张）	职工（人）	每千名老人机构（个/千人）	每千名老人床位（张/千人）	每千名老人职工（个/千人）
西部	济宁	956063	807	45402	4205	0.8	47.5	4.4
	枣庄	411560	1207	31487	4430	2.9	76.5	10.8
	临沂	1037711	1409	48289	7526	1.4	46.5	7.3
	德州	451200	1010	34368	5005	2.2	76.2	11.1
	聊城	599759	658	36236	4928	1.1	60.4	8.2
	菏泽	952996	326	45357	2531	0.3	47.6	2.7

资料来源：根据《山东民政统计年鉴2016》计算。

根据东中西部65岁以上老人数量来分析养老机构资源配置的公平性程度。首先，计算三大地区的千人床位数、机构数和职工数；再次，对各指标分别按从小到大的顺序进行排序；最后，计算累积老年人口数、机构数、床位数和职工数。具体见下表（表7—7至表7—9）。

表7—7　　山东省老年人口、养老机构数的累积百分比

地区	千人机构数（个/千人）	老年人口所占百分比（%）	老年人口累积百分比（%）	机构所占百分比（%）	机构累积百分比（%）
中部	1.22	39.9	39.9	34.6	34.6
西部	1.23	37.4	77.3	32.6	67.2
东部	2.04	22.7	100	32.8	100.0

资料来源：根据《山东民政统计年鉴2016》计算。

表7—8　　山东省老年人口、养老床位数的累积百分比

地区	千人床位数（张/千人）	老年人口所占百分比（%）	老年人口累积百分比（%）	床位所占百分比（%）	床位累积百分比（%）
中部	43.7	39.9	39.9	32.1	32.1
西部	54.7	37.4	77.3	37.6	69.7
东部	72.4	22.7	100	30.2	100.0

资料来源：根据《山东民政统计年鉴2016》计算。

第七章　山东省机构养老服务供需平衡的区域差异　　133

表 7—9　　　　　山东省老年人口、养老职工数的累积百分比

地区	千人职工数（个/千人）	老年人口所占百分比（%）	老年人口累积百分比（%）	职工所占百分比（%）	职工累积百分比（%）
中部	5.8	39.9	39.9	30.5	30.5
西部	6.5	37.4	77.3	32.0	62.5
东部	12.6	22.7	100.0	37.5	100.0

资料来源：根据《山东民政统计年鉴 2016》计算。

以上述三表数据为基础，分别计算出山东省以及东中西部地区的养老机构单位数、床位数、职工数的基尼系数，见下图（图 7—28）。在机构数、床位数、职工数的基尼系数方面，全省该系列的基尼系数分别为 0.3317、0.189 和 0.2845，其分配相应为相对合理、绝对平均以及比较平均。其中东部地区该系列的基尼系数相应为 0.3434、0.2591、0.311，均对应比较平均；中部地区该系列的基尼系数前两者对应绝对平均，后者对应比较平均；西部地区分别对应相对合理、绝对平均和比较平均。总之，西部的机构配置、东部的床位和职工配置相对不平等程度高一些。而且全省东中西部地区之间在养老机构资源配置上也极为不均衡，见下表（表 7—10）。

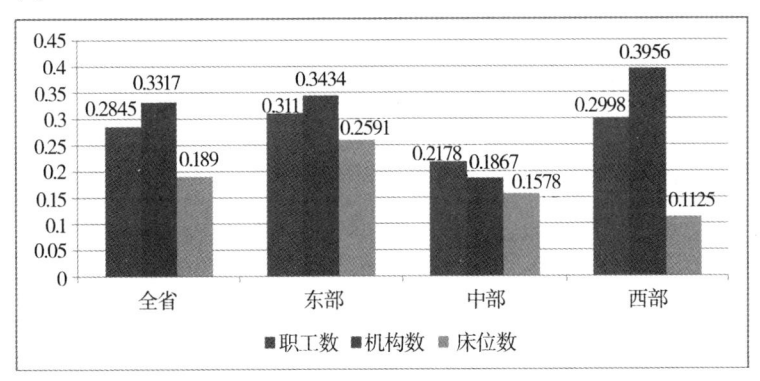

图 7—28　山东省东中西部养老机构资源配置的基尼系数

资料来源：根据《山东民政统计年鉴 2016》计算。

表7—10　山东省东中西部地区养老机构资源配置的区域分布

指标	东部	中部	西部
机构数（个）	5453	5762	5417
机构数所占比重（%）	32.8	34.6	32.6
床位数（张）	19.4	20.6	24.1
床位数所占比重（%）	30.2	32.1	37.6
职工数（人）	33569	27294	28625
职工数所占比重（%）	37.5	30.5	32
老年人数（万人）	26.7	47.1	44.1
老人数占比（%）	22.7	39.9	37.4
千名老人机构数（个/千人）	2.04	1.22	1.23
千名老人床位数（张/千人）	72.4	43.7	54.7
千名老人职工数（个/千人）	12.6	5.8	6.5

资料来源：根据《山东民政统计年鉴2016》计算。

在全省范围内，中部地区的老年人口数量占全省老年人口的39.9%，其机构数也最多，占全省的34.6%。但是中部地区养老机构平均规模偏小，与庞大的老年人口数量相比，床位和职工供给总量不足。且与人口老龄化程度相比，中部的每千名老人机构数、每千名老人床位数以及每千名老人职工数均低于西部。

中部地区老年人口数量、老年人口占全省老年人口比重均高于东部，其床位数以及床位数占全省总床位数的比重均高于东部。但其职工数以及职工数占全省职工总数的比重均小于东部，中部地区职工供给总量不足。与人口老龄化程度相对应，中部地区每千名老人机构数、每千名老人床位数、每千名老人职工数均小于东部。东部人口老龄化程度低于中西部，但其养老机构资源却极为丰富，老龄化与床位资源配置不合理。因此，要加快中西部地区养老机构的发展，缓解中西部地区养老机构资源的紧张程度，以达到地区养老机构资源配置的合理化。

第三节 "9064"发展格局下各地市机构养老服务供给的预测分析

一 各地市人口老龄化未来发展

假设未来各地市老年人口的相对增速一致，根据前文中的人口预测结果，计算出2015—2035年各地市65岁以上人口规模变化趋势（表7—11）。

表7—11 未来山东省各地市65岁以上老年人口规模变化　　单位：万人

地市	2015年	2020年	2025年	2030年	2035年
济南市	84.9	108.7	125.5	150.3	178.2
青岛市	109.4	140.2	161.8	193.8	229.7
淄博市	59.1	75.7	87.3	104.6	124.0
枣庄市	38.0	48.6	56.1	67.2	79.6
东营市	24.5	31.4	36.2	43.4	51.4
烟台市	97.3	124.7	143.9	172.4	204.3
潍坊市	115.1	147.4	170.1	203.7	241.5
济宁市	84.8	108.6	125.4	150.2	178.0
泰安市	59.5	76.2	87.9	105.3	124.8
威海市	41.3	52.9	61.1	73.2	86.7
日照市	33.0	42.2	48.8	58.4	69.2
莱芜市	16.3	20.9	24.1	28.9	34.2
临沂市	110.7	141.8	163.7	196.0	232.4
德州市	64.5	82.7	95.4	114.3	135.5
聊城市	65.8	84.3	97.3	116.5	138.1
滨州市	44.4	56.9	65.7	78.7	93.3
菏泽市	87.2	111.7	128.9	154.4	183.0

资料来源：根据2015年山东1%人口抽样调查数据预测。

由上表可以看出，未来山东省各地市65岁以上老年人口规模仍将继续扩大，各地的养老压力仍将继续存在。

二 "9064"发展格局下各地市养老机构未来供给

以"9064"为养老服务发展格局，与未来人口老龄化发展趋势相对应，山东省各地市2015—2035年间养老机构床位数供给趋势如下表所示（表7—12）。

表7—12　未来山东省各地市"9064"发展格局下床位供给趋势　单位：万张

地市	2015年	2020年	2025年	2030年	2035年
济南市	3.4	4.3	5.0	6.0	7.1
青岛市	4.4	5.6	6.5	7.8	9.2
淄博市	2.4	3.0	3.5	4.2	5.0
枣庄市	1.5	1.9	2.2	2.7	3.2
东营市	1.0	1.3	1.4	1.7	2.1
烟台市	3.9	5.0	5.8	6.9	8.2
潍坊市	4.6	5.9	6.8	8.1	9.7
济宁市	3.4	4.3	5.0	6.0	7.1
泰安市	2.4	3.0	3.5	4.2	5.0
威海市	1.7	2.1	2.4	2.9	3.5
日照市	1.3	1.7	2.0	2.3	2.8
莱芜市	0.7	0.8	1.0	1.2	1.4
临沂市	4.4	5.7	6.5	7.8	9.3
德州市	2.6	3.3	3.8	4.6	5.4
聊城市	2.6	3.4	3.9	4.7	5.5
滨州市	1.8	2.3	2.6	3.1	3.7
菏泽市	3.5	4.5	5.2	6.2	7.3

资料来源：根据2015年1%山东人口抽样调查数据预测。

由上表可以看出，未来山东省各地市养老机构发展任务仍很艰巨。

第八章 山东省机构养老服务供需平衡问题及原因

伴随着社会福利社会化的进程,在一系列政策的推动下,山东省机构养老服务事业呈现出良好的发展势头,在养老机构数量、养老床位规模、养老服务专业化程度等方面均取得了一定成效。但由于受内外各种综合因素的制约,山东省机构养老服务供需平衡仍存在一定的问题,亟待予以解决,以满足老年人口不断增长的养老服务需求,提高老年人福利水平。

基于宏观数据和微观实地访谈资料,本章指出山东省机构养老服务供需平衡中存在的问题,并深入探究了其背后可能的原因:政策支持力度有待加大、市场竞争环境有待优化、自身发展水平有待提高、供需矛盾突出、资金来源不足、运营模式有待创新、地区以及内部发展差异大、社会支持力度不够等。

第一节 机构养老服务的政策制度

作为儒家文化的发源地,山东省历来具有尊老敬老的优良传统。近年来,随着人口老龄化形势的日益严峻,山东省委、省政府着力发展老龄服务事业,以国家层面的政策文件为指导,基于省情制定了一系列政策制度,从政策上为养老机构的发展保驾护航,较快地提高了养老机构的服务供给能力。但从总体上来讲,老龄服务事业政策体系还不够完善,具体配套措施依然缺乏,且在实际执行中难以落实到位,亟待突破以发挥实效。

一 政策体系建设与落实

1. 投融资政策不健全

由于养老机构前期基础设施建设投入成本大,预期资金回收周期长,收入少,经营利润低,因此其发展需要大量资金注入,资金需求迫切。以国家1998年10月25日施行的《民办非企业单位登记管理暂行条例》为指导性文件,目前民办非企业性质的养老机构还不能用土地及建筑物等申请抵押贷款,且不能出售房屋产权,导致投融资难度大,不仅前期自我资金投入压力大,而且经营过程中常面临资金周转困境,一旦后续缺乏资金将遭遇"倒闭"。在《山东省人民政府关于加快发展养老服务业的意见》(鲁政发〔2014〕11号)中指出,要进一步为发展养老服务业拓宽投融资渠道,并细化了扶持养老机构发展的投融资政策。但在政策执行实践中,金融支持力度仍非常有限。尤其是对民办养老机构来讲,投融资难度更大,政策需要进一步明确和细化。有关调查显示,能够享受到相关贴息贷款的养老机构仅占2.2%,可谓凤毛麟角(崔树义、田杨,2017)。

2. 连锁化经营政策缺乏

作为现代化的商业运作方式,连锁化经营生命力强大,是满足消费者需求的有效运营模式,可以集结专业化分工与集中化管理的双重优势,发挥规模效应。作为机构养老服务的重要供给主体,民办养老机构的发展可以借鉴连锁化经营的模式,以老年人为中心来提供机构养老服务,顺应时代商业经营模式发展的潮流。

但目前的困境在于,民办非企业养老机构的市场化程度仍不高,其资金收入仍不能作为利润再次投入养老机构的建设,致使标准化的连锁化经营受限,难以适应商业经营的发展趋势(吴玉韶、王莉莉,2015:76—77)。

3. 养老服务纠纷法律政策不完善

由于老人照护风险高以及经营环境的特殊性,养老机构经营风险较大。特别是高龄、失能和失智老人走失、溺水等意外伤害发生率高于常人,照护难度更大。近年来,媒体也时有报道养老机构的养护纠纷、意外伤亡事件,给养老机构的经营者造成很大压力,使很多民办资本投入养老服务业的热情锐减。尤其是目前缺乏完善的养老服务纠纷处理机制,已经建成的规章制度法律效力较弱,导致在意外事故中无法界定当事人的责任。一旦因意外事件发生服务纠纷，养老机构就要承担高额的费用支出、舆论压力和法律责任等负面影响，养老机构也因此成为弱势群体。对于很多民办养老机构来说，主要靠社会宣传和口碑来扩大影响面，一旦出现负面事件，损失将很大。

在实际访谈中发现，大多民办养老机构负责人都针对养老服务纠纷事件心存担忧，认为这是影响其长远发展的重要障碍，有关访谈记录如下：

> 以老人为服务对象的养老行业，一难照顾，二危险多。对失能、半失能老人来说，照顾起来更是难上加难。一旦因老人坠落、摔伤、扭伤、烫伤等出现纠纷很麻烦。有的半自理老人，不听劝阻拄着拐杖执意要走，出现跌倒事故。家属告到法院，法院偏向老人一方，机构只能赔偿老人，息事宁人。甚至还有的老人家属不讲理，故意讹诈养老机构，和"医闹"差不多。
>
> 养老行业是个辛苦行业，经营者辛苦不赚钱不说，还劳力费神，压力比较大，24小时都很紧张，神经兮兮，唯恐老人出什么问题。大事小事都是事，就是在时刻"经营生命"。可以说是操着"白粉心"拿着"白菜钱"。
>
> 每个养老机构都可能会遇到纠纷，入住老人的子女存在类似"医闹"问题。去年我机构里就有一位老人因为患有精神障碍而自杀，后来因为这事赔偿了很多钱，对机构的经济和名誉都影响不小。有些问题老人不好筛选，仅凭经验判定老人身心健康状况，再加上相关法制又不健全，家属"讹"网络又很发达，最后出现一些事故纠纷，影响机构的口碑和名声，带来严重的后果。
>
> 老人照护风险大，出现纠纷问题难处理。有些家属无中生有，无理取闹，刁难机构。有位老人因多次住院，喝药之后自己骨折。2个月后，老人出去机构两次，住院两次，家属却诬赖机构说老人骨折是在机构。最后机构拿医院拍的片子核实，发现是陈旧性骨折。有时候，机构尽心尽力为老人提供服务，但是却得不到其家属的支持和认可，甚至个别家属还故意讹诈，以求减免费用。

为保障机构养老服务的供给水平，必须保障养老机构的规范化发展，完善养老服务纠纷制度，消除养老机构经营者的后顾之忧。

4. 扶持优惠政策可操作性差、落实难

现有的养老机构扶持政策主要体现在投融资、税费、土地等方面，但其规定原则性太强，细节性、可操作性较为缺乏，因此在执行中法律效力不足。尤其是执行又牵涉多部门的协调和配合，还有些部门工作人员对政策文件不了解，服务意识又差，这都影响了政策落实，限制了养老机构的发展空间（穆光宗，2012）。如养老机构在设立过程中，需要土地规划、消防、卫生等部门的许可，但各部门的规定又出现一定冲突，相互配合协调不够，政令不畅。

如按照现行的"以奖代补"制度，针对低档次、发展不好的养老服务机构未能有更多的扶持和照顾。民办非企业性质的养老机构在享受床位补助、居民标准的用水、用电等优惠政策上存在困难，未能取得预期的政策效果（孔丹，2010）。来自山东社会科学院的调查显示，9.5%的养老机构不能享受用水、用电、用气等优惠政策，42.4%的养老机构不能享受省级建设补助和运营补助，46.9%的民办养老机构不能享受政府财政针对养老机构的全额运营补贴（崔树义、田杨，2017）。

对养老机构实地调研的访谈记录如下：

> 上级政策初衷很好，但是落实不到位。如床位补贴，主要是因为消防食品卫生手续办不了。在河南出事之后，养老行业声誉受到了很大影响，消防验收更严格，有消防隐患的不发证，实行一票否决制。按照国家政策规定，建筑面积超过1000平方米的养老机构就必须办理消防验收手续。但房产、土地、环评、立项、规划、建设验收—施工—防震等一系列手续烦琐，还牵扯多个部门，办下来难度相当大。再加上部门工作效率又低，机构常常为了一个章要跑十多天。原则说是15个工作日办好，实际上有的甚至要等上8、9个月。要办消防手续真得打持久战。规范要求即便检测达标，消防部门也迟迟不验收，拖延。
>
> 有些政策之间互相打架，要办理手续简直太被动了。国家规定养老机构食堂要办理食品经营许可证需要有机构许可证，省里规定养老机构的设立要有食品经营许可证。这又涉及两个部门，机构办理起来

常常无所适从，跑了这家部门跑那家部门，有时只能曲线救国。

省里的医养结合政策是很好，但市里没有指导文件就难推行，政策支持力度有限。在执行过程中涉及卫计委、民政部门、人社局、财政局等多个部门，协作起来比较困难。老人有病，直接从养老床位转到病房存在困难。在省内还未建立统一的长期照护保险制度，老人照护风险保障少。新农合报销的费用是属于养老钱还是住院钱很难说清，归属人社局还是卫生局也不好区分。还有的部门工作人员不重视，服务意识差，有文件也不积极了解和落实。再加上社保部门为预防"医保资金套保"事件，加强了监管，导致社保报销手续迟迟不批复。

上级文件好，但有时候"雷声大、雨点小"，各地方财政能力不一样，落实也不一样。水电气、房屋租赁以及土地划拨等优惠政策，有的地方虽然口头支持，但落实有限。往往是我们机构负责人拿着文件去找相关部门，但工作人员好像还不知情，地方财政也还是未有支持。

因此，山东省要进一步完善相关政策，出台更为细致、可行的法律文件，并督促落实，为养老机构的发展提供更为有利的政策环境。

二 监管制度制定与执行

1. 监管制度不完善，监管力度有待加大

通过社会福利社会化的改革，养老服务领域的市场化程度得到了提高，政府的主要职能也从管理渐向监督转变。根据施蒂格勒1971年提出的公共利益理论，为保护生产者利益，政府应该全面监管公共服务民营化（程智开、丰云，2009）。而目前山东省在养老行业的监管制度还不够健全，具体指导规范缺乏，有些程序设定不合理，导致监管工作开展不力。

如在取缔非法养老机构方面的规定还不够明确，依据《养老机构设立许可办法》和《养老机构管理办法》，民政部门只能对其下达责令改正通知书，没有行政执法权，无法对其进行强制性处罚，不具备强制执行力，这样容易出现法律责任风险。如政府条文中在民办养老机构的收费标准、人力资源配置、行业规范等方面规定不明确。如针对养老机构和老人之间的冲突纠纷解决未有明确的法律依据，不能保障入住老人的合法权益（孔丹，2010）。如关于养老机构的审批方面，程序设定也不合理。目前，企业性质的养老机构可以"先照后证"，但根据《民办非企业单位登记管理暂行条例》，民办非企业性质的养老机构办理设立许可证要以环评、食品安全等手续为先置条件，而个别地方又规定环评、食品安全等手续要以民办非企业法人登记为基础，规定间相互矛盾。尤其是民办养老机构的消防设施验收不合格，导致无证经营的比例达36.4%，大大限制了养老机构的发展（孔丹，2010）。

一直以来，我国养老机构的管理部门主要归属于民政部门和老龄委。但在具体实践中，养老机构的管理牵扯消防、老龄委、民政、城建、卫生等多个政府职能部门，各部门容易各自为政，效率低下。如对老旧养老服务设施的历史遗留问题虽有相关规定，但因现实情况复杂、实施涉及部门多，办理有关手续难度大。如目前部分民办养老院无证经营，存在极大的安全隐患，但由于执法缺乏细则依据，基层民政部门在处理行政处罚时只能协调相关部门，导致执法难、难执法。如医养结合中的医疗报销问题，涉及医院、卫计委和人力资源与社会保障局等相关部门，但各部门又相对死板，易造成管理效率低下。

此外，养老服务业的社会监督相对缺乏。目前，山东省养老服务领域的行业协会组织主要有养老服务协会、家政协会、老年协会等行业组织，业已发挥了一定的监管作用。但养老服务行业仍是朝阳产业，总体上行业组织的监管作用尚显不足。此外，公众和媒体等社会监督主体力量薄弱，监督作用发挥有限。

2. 标准化和规范化制度不健全，缺乏分类管理

虽然山东省针对入住养老机构的老人颁布了《关于开展老年人能力评估工作的实施》，但全省范围内养老机构未有统一明确的分类标准、管理标准以及收养标准，使养老机构和老人在评估结果上产生分歧甚至矛盾，不利于实现对养老机构的监管。

在国内，除老年护理医院和老年公寓的分类管理相对成熟外，其他大多养老机构对入住老人所需服务程度的划分和定位都未有统一的参照标准，多根据所有制形式、机构规模和行政级别进行大致分类，或在机构内部将老人按照身体状况划分为相应的护理等级。来自山东社会科学院的调

查显示，所有机构都针对入住老人的身体情况和护理等级进行了划定，其中2.2%的参照民政部标准，15.6%的参照省民政厅的标准，2.2%的参照其他机构标准，其他高达80%的养老机构要自设评估标准（崔树义、田杨，2017）。

通过实地考察，许多养老机构的护理等级标准五花八门。有的养老机构护理等级划分为自理老人的三级、半失能老人的二级、失能老人的一级A和B、特护服务的特级。有的养老机构针对半自理或不能自理情况设有特护房间、特护床，共分为六个护理等级。有的养老机构将护理等级分为自理老人的照护、半失能老人的介助和失能老人的介护三种。有的养老机构将护理等级分为自理照料、介助一到三级、介护一到三级等级别。收费标准随护理级别而变化，同时还存在地区位置、服务档次的差异。根据山东社会科学院的调查显示，山东45家养老机构平均每月收费标准介于1652.33—3641.33元之间。在实地调研中发现，经济发展水平较好的地区其收费标准也相对较高。如济南针对自理老人的最低收费标准与临沂的失能老人收费标准差不多，与济宁的半失能老人收费差不多。

第二节　机构养老服务的市场化环境

一　养老机构的竞争环境

在社会福利社会化改革进程中，老年福利供给主体朝多元化方向发展，政府角色也逐步从"划桨者"过渡到"掌舵者"，将直接建设和管理职能转交给社会机构代为承担，同时为鼓励民办养老机构的发展提供资金和政策扶持。

社会福利社会化改革后，公办和民办养老机构作为养老服务市场中不同的运营主体共同展开竞争。但由于所享受的投资运营政策存在差异，两者出现不公平竞争现象。一是两者先天条件不一。公办养老机构发展起步早，政策较完善，作为国家机构享有国家体制内土地、资金、房屋、设施等各种公共资源的优惠和补贴，不仅开办较容易，而且遵循较低的政府定价；民办养老机构因开办前需要大额自筹资金、场地及房屋而启动相对较难，再加上享受的补贴优惠相对有限，运营成本压力大，可持续发展能力弱，因而其市场定价相对较高。二是两者工作人员性质不一。公办养老机构的工作人员基本属于事业编制内的人，工资来源稳定，而民办养老机构人员的招聘、工资发放均是自理。三是两者的社会接受度不一。民办养老机构的社会接受度远远不如公办养老机构。很多人对民办养老机构存在错误的认知，认为民办养老机构利润至上、收费高昂，再加上受一些负面报道的影响，对其的认可度更低。

因此，与公办养老机构相比，民办养老机构先天存在的低起点以及后天的政策差异使其在市场竞争中处于不利地位，发展受限。而与此同时，公办养老机构缺乏竞争意识，运营效率低，发展缓慢（李青，2014）。此外，在民办养老机构内部，民办非企业与企业性质的养老机构之间也存在不公平竞争，有个别非企业性质的养老机构开展营利活动。在实地访谈中发现，民办养老机构因资金、政策等方面的原因，发展压力大，生存艰难。

相关机构负责人的访谈记录整理如下：

> 民办与公办养老机构相比，所享受的优惠政策差别很大，可以说是天壤之别。民营的扶持力度太小了。就拿老人责任险来说，公办机构有社会福利彩票基金扶持，民办没有。消防设施建设与改造，公办的公家托底，民办的自建设自改造。关于医疗费用，公办的负责托底，民办的全部是新农合以及城镇居民报销。和公办相比，民办的处于"非亲生子女"的地位，虽然作用大，但资金需求也更迫切。国家若不加大支持力度，民营资本将走下坡路。

> 公办的高大上，资金为全额财政拨款，往往是人满为患。民办养老机构没人住，有的因为医疗条件差，有的是因为位置太偏远，在（县）市区5公里以外就很影响入住率。另外，对民办的养老机构，人们总觉得是以盈利为主，不缺钱，对养老行业的社会服务性不太了解。相对而言，公办就比较受欢迎了。

二 养老机构自身的定位与竞争

历史上，公办养老机构的福利性特征鲜明，主要为城乡困难人员提供基本生活保障。但伴随着社会福利社会化的进程，公办养老机构逐渐向普惠性、开放性和市场化方向转变。但鉴于所享受的政策优惠、资金投入较民办养老机构优越，公办养老机构的市场竞争力更强（吴玉韶、王莉莉，2015：74—75）。部分公办养老机构在运营中偏离公益性和福利性方向，在收住对象时运用市场法则和市场定位，除托底对象外，对入住对象限制不严，有选择性接收一些健康和经济条件相对较好的老人入住，将急需长期照护服务的身体自理困难和经济困难的老年人排斥在外，加剧社会不公平（阎青春，2007）。还有些公办养老机构以高于基本生活保障的疗养院水平来超标建设其软硬件设施，成为个别老年权贵的"奢华会所"，在浪费资源的同时进一步加剧不公平竞争（陈友华、艾波、苗国，2016）。来自山东社会科学院的调查显示，各地由政府主导创办的"示范性"养老机构投资大、面积广、档次高、收费高、医养结合能力强，但超出了普通老人的支付能力，入住率低于30%（崔树义、田杨，2017）。在调研中发现，一个县级民政部门开办的社会福利服务中心，其硬件设施和环境非常好，规模在160张床位，但其收费相对也较高，仅入住了20多个人，且大都来源于离退休干部或者个体户等经济条件较好的老人，资源浪费极其严重。

部分民办养老机构之间为提高入住率，大打价格战，以迎合老人及其家属的追求低价位心理。较低的收费价格给机构的正常运营带来很大的压力，机构不得不削减开支、降低服务质量，而这反过来又会降低入住率，制约机构的可持续发展。还有些机构在选址方面扎堆现象严重，竞争激烈（崔树义、田杨，2017）。这与当地政府规划有关，之前未能将养老机构的建设规划纳入城乡社区建设规划之中，导致有些机构布局不合理。

针对机构负责人的相关访谈记录整理如下：

> 一方面，服务价格高，入住率上不去，经营不好；另一方面，价格上不去就赔钱，投入又有问题。况且养老本身就是微利行业，导致养老机构陷入经营不好—赔本—投入差的恶性循环，最终陷入投入多、收入少、无人住的境地。

> 由于国家原来针对养老院的规划太少，大多针对幼儿园、医院等机构制定设施规划，导致现在养老机构要建设，土地是个很大问题。市区的地太贵，郊区的位置又太偏远，不方便老人家人看望，还影响

入住率。

第三节 养老机构自身的建设

尽管机构养老服务事业发展的政策创制力度不断加大，但从总体上来讲，山东省养老机构在硬件设施建设、专业人才配备等方面的发展水平还存在不足，影响了服务供给的专业化水平。

一 硬件设施建设

1. 硬件设施建设水平薄弱

部分养老机构建设较早，基建手续不齐全，老旧现象严重，硬件设施建设比较薄弱。有的由于受资金、人力、物力等资源的限制，不仅规模小，现有的房屋、基本生活必需品配置等内外硬件设施设备配备不足，而且质量不高。

实地养老机构的相关访谈记录如下：

> 目前养老机构最大的困难就是不盈利。这个行业前期投入大，回收资金慢又很艰难，总投资大约5年能收回。本来经营状况就不好，员工工资、设备维护、水电暖煤等费用开支又大，很多机构入不敷出，想要发展都有心无力。政府补助是有，但层层下来，所剩无几。我这2000多万的投资，政府补助才48万元，可以说是杯水车薪。若不是靠其他企业支撑，早就关门大吉了。营业时间较长的养老机构可能相对好一点，能够运转正常。
>
> 钱是最大的问题，入行难。虽然有行业补贴，但远远不够。扩大规模需要土地，需要资金，需要设备。初期投入大，又没有经验，政府补助又少，慈善捐助往往物多钱少。机构有时会处于干与不干的两难境地：不干吧，前期投了很多钱；干吧，运营又很艰难。我这经营了4年多，才刚刚好转起来，这个过程真的很难。

但在访谈中也发现，有些机构未设置一些硬件设施是出于对老人的保护。针对一位机构负责人的访谈记录如下：

有的老人会将呼叫器视为玩具，不停玩弄。有的老人在健身器材上会出现受伤情况，机构也不敢轻易配备。电扇、饮水机等配备了怕给老人带去危险。对于失智老人，淋浴、写字台、卫生间等设备都没有必要配备。

2. 老旧养老机构问题突出，消防改造困难

由于消防手续无法办理，目前很多养老机构无法领取设立许可证以正常经营。大部分中小型养老机构为旧厂房或旧办公场所改造而成，因在机构选址、房屋结构、属性变更等方面存在困难导致消防设施改造不力，只得无证经营。目前消防验收前置条件较多，标准较严格，但很多机构存在防火间距不足、袋形走道过长、楼梯间形式不符合规范要求等先天性隐患，即便改造，也无法符合消防规范。此外，消防改造成本大，少则数十万，多则上百万。有些机构特别是经营不善的民办养老机构根本无力进行消防改造，无法通过设立许可，只能无证经营。调查中发现养老机构的无证经营率超过36.4%，个别地市无证经营的民办养老机构甚至达到了100%，个别公办养老机构也存在无证经营的问题。

针对消防验收问题，对某市社会福利处的实地访谈如下：

> 由于之前的养老机构建设缺乏规范文件，起步较早的养老机构基础设施差，造成了现在的老旧养老机构这一历史遗留问题。有的旧房无设计图纸改造难度确实大，有的房屋结构根本不好改造。仅消防改造蓄水池这一项就80万元一个，达标投入大，无补贴。公建的养老机构还好有改造补贴，以奖代补，改造好了再共同分担。即便是新办养老机构，也对消防投资感到头疼，民办养老机构的情况更严重。现在消防部门很严格，即便养老机构的喷淋、烟感器等设备达到了规定的标准，也不轻易验收，就是拖延。不验收就不能办理规划手续，无法设立许可等，连带着影响其他运营补贴等优惠政策的落实。目前，很多民办养老机构运营补贴不到位，十个有九个是因为消防不达标。

基础设施的老旧、资金的缺乏，影响了养老机构的入住环境。而消防

设施的不合格带来两方面的影响：一方面制约了机构通过年审、获得运营补贴、医疗定点报销等事项的开展；另一方面也有安全隐患，成为养老机构发展的阻碍。

二 人力资源队伍建设

高龄或者身体自理能力较差的老人是入住养老机构的主要人群，其对专业化的生活照料和护理康复需求较强，因而对机构工作人员的要求也水涨船高。但在实地调查中发现，大多数养老机构的人力资源储备不足，招工难，人员结构不够合理，这制约了其服务质量的提升。

1. 养老机构专业人员缺乏稳定性，招聘难

养老行业属于社会服务行业，养老护理员待遇差，工作累且社会地位低，不能吸引高层次人才，导致人员流动过于频繁，人员稳定性差，招工难的问题比较突出。随机实地调研的20家养老机构，招聘频次为"经常不定期"的有12家，频次为"3个月1次"以及"6个月1次"的机构数均为2家。在员工离职原因中，"福利待遇差、工作量大、社会地位低"等选项的排序比较靠前。

公办与民办养老机构员工月平均工资分别约3416.7元、2183.3元，六成员工无社会保障。大学生和经验丰富的员工都不愿从事养老护理员工作，该队伍缺乏稳定性（张栋，2016）。来自山东社会科学院的调查数据显示，护理人员的月平均工资为2652.6元，为职工缴纳一定社会保险的机构比重为35%，平均险种为3.67种。

通过实地考察，整理针对养老护理员部分的访谈记录如下：

> 护理员工作累，为较辛苦的纯体力活，对失能老人1天至少2次翻身，1周1次洗浴。平均一位护理员对自理老人1:8，对半自理老人1:6，对不能自理老人1:4。存在认知障碍的老人有的不让洗澡，还得需要2到3个护理员共同帮忙才行。这个职业在社会上还不受尊重，因为要伺候老人大小便等又脏又累，一点地位都没有，远没有医生高尚，和保姆差不多，可能还不如保姆的工资待遇好。有的老人脾气不好，比较固执，甚至打骂护理员。护理员都不敢留长发，怕受伤。有的老人小脑萎缩，还诬赖护理员偷自己东西。而护理员还要无

条件微笑服务，有的根本受不了这个委屈就不做了。从事护理员工作，耐心、爱心和责任心是前提。

一般不到万不得已，老人都不会入住养老机构。老人特别难照顾，有异味、瘫痪或者脾气差等，还大多是不想要太多费用的来入住。不是护理员的责任，家属有的会找茬；老人身体有病，家属会抱怨。尤其是失能老人，他们的身体每况愈下。机构将有的老人免费送医，家属都把责任推给机构。甚至护理员有时候还要因为收缴老人的入院费用，做老人多个子女的沟通协调工作。

护理员流动太频繁了，难招工，随时需要招人，人员短缺严重。很多护理员干两天就走了，流动太快。一般干半年以上就能够拿证了，但很多人干1到2个月就走了，根本坚持不了3个月，所以能坚持干3个月以上的护理员都是好护理员。有的考完了高级证以后，就走了。离家远的不多，一般都是方圆50公里以内的人员。

缺人才，管理人员和护理人员都难招。社会上多认为护理员是丢人的行业，是伺候人的活。人们多戴"有色眼镜"来看待这个职业，社会认可度低，远远低于医生。工作条件艰苦，环境也不好。工作也累，洗澡要抱着老人洗，还要负责老人的吃喝拉撒，太琐碎了。有的人是给的待遇再高，也不想干。年轻人根本不愿干，年纪大的也不愿受委屈。一般城乡接合部的员工较多，市区的少，毕竟环境不一样。丧偶的相对好找，50岁以上60岁左右的也行。就算是包住，个别还是干不长。

2. 养老服务员队伍结构不合理

人力资源是影响机构养老服务供给质量的关键性因素。作为专业人才，养老护理员的专业素养决定了养老服务的质量。但目前山东省养老护理员队伍的整体素质不高，制约了所提供服务的专业化水平。

相对来讲，养老机构职工总体年龄偏大。一项调查显示，养老护理员的平均年龄为41.36岁。民办养老机构职工中"4050"人员、农村妇女和进城务工人员多。他们普遍年龄大，文化程度和专业化水平较低（孔丹，2010）。由于准入门槛低，很多养老护理员缺乏专业知识背景，未经过系统的专业理论学习和技能训练，仅通过短期培训获得初级资格证书后就直接从事养老服务工作,影响了其提供服务的水平。

实地调研中,对养老机构负责人的访谈记录如下:

> 服务人员素质低,服务技能差,队伍整体建设水平提不上去。员工来源以农村40—50岁的为主,年轻的不愿意干,范围有限。老人病多,年轻人干不了,也嫌活脏。再加上护工任务重,50岁左右刚合适。
>
> 专业人员少,文化水平低。文化高的对这份工作有偏见,不愿意干。大学生不愿意干,由于家人对其期望高,一般他们都选择去医院工作。所以机构只能招聘年纪大的、社会上的淘汰人群,员工中农村、下岗、年龄50岁左右的多。40岁的都较少,年轻人更少。这些员工相对来讲文化程度低,素质和思想境界也较低,对民政部门的培训和机构内部的每周培训接受程度有限,对老人奉献精神差。
>
> 花大量精力、人力培训人力资源,员工最快一个月熟悉业务。民政局组织的地方培训是一个机构一个名额,机会也不多。省财政定期培训各级护理员,全免费,且名目多。省内培训面广,但数量有限。有的地方无培训,主要依托学校和职业院校来开展。有的地方负责培训的基层民政部门,培训工作开展相对无连续性,因领导人换届、部门人员调换工作岗位而不能持续,效果欠佳。
>
> 员工持证率不高。职工中下岗女工类多,对他们来讲,自学基础差,理论知识难学,证难拿。有的因家有老人孩子照顾,出去培训一周都走不开。

此外,在员工职业资格水平构成中,具备助理工作师及以上职业资格的职工所占比重仅为3.3%,职工整体的职业资格水平较低。

养老机构工作人员的结构不合理制约了机构养老服务水平的提升,难以满足入住老人的高层次需求。

三 服务项目供给

多数养老机构的服务项目趋同化明显,服务方式相对单一,多集中满足老人的膳食、生活照料等低层次需求,缺乏高层次服务,且服务质量差

（吴玉韶、王莉莉，2015：79—81）。在机构类的收养人员中，介助和介护老人所占比重低于自理老人，仅为23.4%。最近的调查显示，30.59%的失能老人入住养老机构，康复训练需求无法得到满足，且仅有极个别机构收养失智老人（崔树义、田杨，2017）。在实地调研中也发现，大多数养老机构由于人力、物力等条件限制没有提供精神慰藉、心理咨询服务。

针对养老机构负责人的访谈记录整理如下：

> 一个护理员负责好几位老人，每天都很忙碌，根本没时间陪哪一个老人聊天。如果老人有事找他们，护理员会随叫随到，但交流时间不会太长，顾不过来。机构要开展精神慰藉和心理服务就得雇人，比较麻烦，不容易开展，因此一般机构这方面的服务提供相对较少。

由于缺乏政府的医疗投入，许多养老机构的医疗设施设备和专业医护人员配备不足。再加上与医院合作机制不健全，老人的治疗和康复费用未能纳入医保范围，导致机构医养结合供给不足。目前，来自山东省民政厅的数据显示，2016年底，在全省2631家养老院中，具备医养结合供给功能的占比为55%。其中190家内设医院，994家内设诊所或卫生室，同时纳入医保定点的110家。来自山东社会科学院的调查数据显示，医疗服务是老人入住养老机构所考虑的重要因素之一，但仅有55%的养老机构内设医务室、医院或护理院（崔树义、田杨，2017）。在实地调研的20家养老机构中，通过陪同就医或与医院合作的方式来提供医疗服务的机构占了将近一半，而自己能够提供的仅有7家。

通过实地调研，针对民办医养结合养老机构负责人的访谈记录如下：

> 老年人身上有各种慢性病很常见，用药多。若工作的子女在身边陪护生病老人，往往要造成经济损失。而让老人住在医养结合的养老机构里，子女会相对安心，这样可发挥医养资源共享、集中养老的优势。另外有的机构还能为老人提供送终服务。做医养结合的养老机构特别有成就感，能让老人受益，看着老人经过康复治疗"躺着进来、站着出去"心里很欣慰。
>
> 虽然上级有"医养结合"的相关政策，但有些地方不落实。尤

其是医保报销难落实。有的社保部门工作人员服务意识差，抱有"来者不善、善者不来"的心理，"脸难看，话难听"，唯恐养老机构打社保资金的主意，办事不给力，迟迟不批复报销。不能医保报销给入住老人买药带来很多不便，常常是家人或者机构拿着老人的社保卡为老人代买药物，开支不便。有的机构因为不是定点报销医院，老人要自掏钱包买药，导致入住老人流失很严重。下一步，要加快落实医养结合政策，逐步解决政策衔接、部门协调、政策落地等问题，才能方便老人就医，提高养老机构的入住率。

四 机构运营状况

作为微利行业，养老服务业运营状况总体不佳。根据《山东民政统计年鉴2016》的数据显示，2016年，绝大多数地市的养老机构均无盈利，仅潍坊、威海的养老机构存在盈利。

来自山东社会科学院的调查数据显示，很多民办养老机构由于行业性质、自身较高的床位空置率、所享受的政府补助有限或落实难等原因，运营不善，面临资金难以为继的境地。其中亏损的比重高达65%。此外，购买养老机构综合责任险以及老人意外伤害险的机构分别占36.4%、43.2%，而没有购买任何保险的养老机构占到一半以上，运营风险较大。

在实地考察的20家养老机构中，亏损的有9家，收支平衡的为9家。整理对民办养老机构负责人的访谈记录如下：

> 养老行业本身就是爱心行业，利润微薄。前期投入太大，其他补助来源又少，机构常面临资金困难，要做好只能慢慢来了。入住费用太高了，老人承担不起，入住率低。但入住费用太低了，机构又无法维持正常运转。有时候针对经济困难老人，要给予适当减免费用，尽量要让更多的老年人受益。可发展不等人，未来还有很长的路要走。
>
> 本身机构不盈利，运作就很艰难。前4到5年微利润，前10年能回收。我前期亏损一年多，现在才勉强收支平衡。日常的员工工资、水电气暖成本高，经济压力大。租赁资金、改扩建资金需求大。投入多，收入低，再遭遇个别负面事件，影响就更大。
>
> 养老服务提升没钱，政策补助少，地方财政又不行。居民收入上

不去，观念又落后，难以提高机构入住率。全国民营养老机构盈利的占了不到10%，其中有些还是房地产创办养老机构，来变相套取国家资金。

第四节 机构养老服务的资金来源与运营模式

养老机构作为公益事业，投入大、收益小，其可持续发展需要强大的资金作为保障。目前，山东省养老机构的投资主体趋于多元化，运营模式日益多样化，但资金来源渠道略显单一，运营模式有待创新。

一 财政资金投入与资金来源

目前，山东省养老机构的投资主体已涵盖国家、集体、社会组织、企业或个人等多元化主体，其资金筹措渠道主要有政府的行政资金投入、政府性基金投入以及少量社会捐款，但社会力量参与略显不足。根据《山东民政统计年鉴2016》的数据显示，2013—2016年，山东省为老年人和残疾人提供收留抚养服务基建投资总额呈现逐年下降的趋势，减少了12.4亿元。其中，国家预算内投资、福利彩票公益金以及其他来源均有不同程度的减少，分别减少了3.1亿元、1.7亿元、7.5亿元。但就各自所占比重而言，变化程度不一，国家预算内投资、福利彩票公益金所占比重不断上升，而其他来源所占比重不断下降。因此，为老年人和残疾人提供基本建设投资的资金来源途径相对单一，国家预算内投资与福利彩票公益金占近七成以上，其他渠道的资金来源较少。

公办养老机构在开办之初以及运营期间均有政府资金注入，其资金来源相对有保障。但由于公办养老机构日常资金下拨手续也较烦琐，出现问题解决也不及时。对民办养老机构来讲，政府资金的投入力度相对较小，主要集中在新建床位补贴以及运营补贴方面，未能形成统一财力投入规划。民办机构在开办之初除享受政府有限的资金支持外，主要依靠自筹资金来投资各类设施设备，自负盈亏，其他来源的资金缺乏，其后期运营主要依靠老人的服务收费，投融资难度比较大，往往面临资金短缺的困境。这在经济发展落后和人们生活水平较低的中西部地区表现更为突出。有调查数据显示，民办养老机构经营亏损者居多。资金来源的不足成为大多数养老机构发展的头号难题。

二 养老机构的运营模式

目前山东省内主要有公办公营、民办民营、公办（建）民营三种运营模式，民办公助的少。作为我国传统养老服务体系的主导模式，公办公营模式历史悠久，早在计划经济时代就已发挥了重要作用。民办民营是由社会资本负责投资兴办并经营的养老机构。公办民营是由政府或者集体资本投资建设，并由社会组织、社会团体或者个人去经营的养老机构。民办公助是由企事业单位、社会团体或个人自行开办的养老机构，政府对其经营提供资金补贴或者政策优惠等支持其发展壮大。

大量民办养老机构在社会福利社会化改革中出现。根据山东省民政厅的数据显示，2016年底，全省公办、民办（含公办民营）的养老院所占比重分别为52.8%、47.2%。根据《山东民政统计年鉴2016》的数据显示，机构类中民政登记、工商登记的养老机构所占比重分别为72.4%和0.7%。但政府与各民办养老机构之间行政指导与被指导多，合作沟通关系相对较少，因此公民合建、民助公办等形式的养老机构相对欠缺。

第五节 机构养老服务的社会氛围

养老服务业是系统性行业，其发展需要集结全社会之力来共促。随着经济社会的发展、时代的进步和思想观念的更新，人们对机构养老模式的接受度也在逐渐提高。由于受各种因素的制约，老人的机构养老现实需求实现是在自身经济实力、文化观念、购买意愿等多种因素权衡下的结果。

一 机构养老服务的有效需求

山东省宏观上存在养老床位数量不足与微观上床位利用率低、较高的机构养老意愿与实际较低的入住比例并存的情况，从一个侧面反映了老人机构养老服务有效需求的不足，这与文化观念、经济条件等多种因素有关。

1. 文化观念因素

人们的养老观念、养老方式主观偏好与选择意愿影响着养老机构的入住率。山东省是儒家文化的发源地,"孝道文化"根深蒂固,"养儿防老"的传统观念仍有一定的影响力,仍有很多老人不愿意接受机构养老服务。有74.3%的农村老人和48.8%的城镇老人排斥进养老机构。同时大部分老人子女也排斥机构养老服务方式,怕因此而背负不孝骂名。在有子女的老人群体中,子女不愿意送父母进养老机构的老人占比为67.07%,其中城镇和农村分别占23.76%和43.31%,愿意的仅占4.33%。另外,老人重节俭、轻消费,不愿意拿出更多的收入进养老机构。对于有偿入住养老院不接受的老人占73.43%(孔丹,2010)。这说明老年人及其子女对于机构养老的接受度还有待提高。

在实地调研中,对机构负责人的访谈资料整理如下:

> 山东是孔孟之乡,"养儿防老"的传统家庭观念影响还很大,老人和家属进养老院的意识总体都不强。子女把老人送到养老院就是不孝顺。有的子女哪怕忙不过来,自己不上班请假也要照顾老人,都不让老人进养老院,怕被人戳脊梁骨。都是能不送就不送。真正住进来的多是身体不好,子女确实不能照看的。有的老人一说住养老院就觉得丢人,反感得很。有些入住老人怕人笑话说子女不孝什么的,但子女没时间照顾,无奈也只能入住。住进来以后,大哭大闹,感觉被子女遗弃一样,心寒,过上一段时间相对就好多了。还有一些是有收入的老人,自己平时节俭惯了,根本不舍得拿出钱来进养老院,还想留着钱养孙呢。

2. 经济条件的限制

山东省大部分老人的收入不高,没有资金来源或者仅依靠养老金,整体养老服务购买力不足,对农村老人来讲情况就更严重。根据《山东省第四次中国城乡老年人生活状况抽样调查成果》显示,2014年,老年人人均可支配收入低于全省平均水平。

根据省统计局的调查显示,农村老年人养老困难大,受访者在农林牧渔业务农的约为半数。农村务农老人群体在丧失劳动能力后其收入来源将没有保障,更难支付相对较高的养老机构入住费用,无形中会限制其机构养老服务需求。

在实地调研中，20家养老机构有17家入住老人支付费用的主要来源是"养老金和退休金"，仅有3家机构入住老人支付费用主要来源是"子女或亲属支付"。大部分能住得起养老机构的老人，其个人或家庭经济条件都不错，而经济情况相对较差的老人，其机构养老需要就不能转化为有效需求。

实地调研中，对养老机构负责人的访谈整理如下：

> 支付能力是影响老人入住的关键因素。失能、半失能的贫困老百姓拿不出钱来，消费能力有限，子女又不能支付。什么旅游养老加候鸟式养老都是土豪老人+官员+身体好没病的老人。

> 有的子女是看父母的工作收入来决定其入住养老机构标准，老人工资与入住标准相对等，而不是看老人实际需求怎样。挣钱少的想住住不进来。

3. 机构方面的因素

养老机构的地理环境、内部设施人员等因素均在一定程度上影响老人入住。在山东省统计局的该项调查中，大约有32.2%的人拒绝社会化养老的原因是"养老机构工作人员素质低、服务水平差"，38.3%的受访者听说过养老院虐待、辱骂老人的行为。

此外，很多人对养老机构的印象仍然停留在收留无儿无女等弱势老人的地方，对养老机构的服务了解不够、认识存在偏差。再加上媒体偶有关于养老机构的负面报道，进一步降低了社会对养老机构的认可度。在实地调研中也发现，养老机构的地理位置、收费标准、生活环境、服务内容等都是影响老人选择养老机构的重要因素。将针对入住老人的访谈记录整理如下：

> 养老机构的地理位置很重要。因为子女上班，老人住的养老机构不能距离他们太远，太远了他们看望和照应不太方便。机构费用是越便宜越好。自己有工资收入还好，没有工资收入经济压力太大。入住费用低了可以省钱，减轻孩子们的负担。最好能提供医疗服务，人年纪大了，常常要服药，这样买药什么的更方便。

二 养老机构的志愿服务水平

志愿服务是公民自愿、无偿向他人、社区和社会提供的一种公益性服务，是社会文明进步的重要表现，对于养老机构的发展也尤为重要。近年来，山东省养老机构的志愿服务工作取得了一定成就，志愿服务人次和志愿服务时间逐年增加，为养老机构的发展营造了良好的公益氛围。但总体来讲，由于老年人口规模的庞大，个体身心和个性差异较大，不同老人对养老服务的需求也不同，养老机构的志愿服务还存在一定的问题，志愿服务水平仍有待提高。来自山东社会科学院的调查数据显示，养老机构的志愿服务存在稳定性差、缺乏长效性和自发性等问题。此外，其他社会力量针对养老机构的资助采取选择性行为，多青睐公办性质、位置好、发展好的养老机构（崔树义、田杨，2017）。在实地调研过程中，养老机构多反映总体志愿服务较少，一般市区养老机构的志愿服务开展较多，且时间大都集中在"雷锋日"等特殊节日。

第九章 山东省机构养老服务实现供需平衡的政策建议

养老服务供需矛盾将在未来相当长的一段时期内持续，并且这一形势难以在短期内扭转。一方面，随着山东省人口老龄化、高龄化、空巢化、失能化趋势的持续，以及人们生活水平的不断提高，未来机构养老服务需求必将扩大；另一方面，考虑到养老服务同时具有准公共产品和私人产品二者的特性，所以其最佳供给模式唯有"政府＋市场"两者相结合的模式。

因而，现阶段机构养老服务的基本矛盾是"不断扩大的机构养老服务需求和不平衡、不充分的发展之间的矛盾"。这一基本矛盾为山东省养老机构的发展铺垫了继续发展的基础。针对山东省机构养老服务供需中存在的问题，需要政府、养老机构、社会组织等多方主体协同解决，相应的对策建议如下文所示。

第一节 政府职能的转变与完善

在新时代，加快政府职能的转变是必然趋势。转变政府职能，需要政府"少划桨、多掌舵"、多服务。总体而言，在养老服务领域，政府主要承担福利政策的制定、政府财力投入、设施发展规划、标准制定、协调监管、宣传引导等责任（范斌，2006：182）。

一 完善与督促落实相关配套政策

鉴于目前优惠政策落实不力的问题，亟待从国家层面进一步完善与养老服务有关的配套政策，从法律上将政策原则与可操作性细则予以补充和支持,并明确各级政府部门的具体落实职责和权利,调配各方资源努力抓好全面落实工作,为养老机构的发展扫除政策障碍,营造良好的法制环境。地方政府要因地制宜,在上级部门政策框架下结合本地实际出台切实可行的管理条例和规范,推动养老机构的规范化发展。

1. 加强和完善用地政策

要进一步完善养老机构的用地政策,为养老机构建设提供土地保障。在严格执行国土资源部《养老服务设施用地指导意见》的基础上,各地需要根据自身资源禀赋和实际情况,将养老机构建设用地规划纳入土地规划之中,并建立相关部门协调推进机制、激励机制以督促相关政策的落地。根据养老机构的类型制定合适的土地政策,采用不同的土地供应。如针对民办营利性和非营利性养老机构用地,可分别采取无偿划拨、低价出租等形式以缓解其用地紧张(李青,2014)。

2. 完善投融资政策

进一步完善落实金融扶持政策,通过发行债券、政策性银行贷款、设立投资基金、利用外资等途径拓宽养老机构的融资渠道。如对民办养老机构的资金来源给予政策支持,包括抵押贷款、政府贴息以及鼓励金融创新等方式。逐步放宽养老机构的信贷条件,通过股份制、小额贷款等途径为满足养老机构的信贷需求提供金融支持(吴玉韶、王莉莉,2015:113)。

3. 制定入住纠纷处理制度

逐步完善养老机构和入住老人的纠纷处理制度,在法律规范上明确双方的权责范围,并制定相应的实施细则,对事故责任、事故处理办法与程序、赔款数额等进行明确规定,减少养老机构的运营风险,保障双方合法权益。完善养老保险政策,在社会保险和商业保险之外,总结青岛经验,逐步在全省范围内推行长期护理保险制度,因地制宜构建老年护理费用分担机制,为护理保险业务提供一定政策优惠,防范养老机构经营风险(闫婷,2014)。

4. 完善税费及其他优惠政策

辅以政策优惠,作为支持养老机构发展的主要手段。首先,综合利用税费优惠政策,如免征企业所得税、营业税、土地使用税、房产税等,加大对非营利性养老机构的扶助。其次,在用水用电等费用方面采取优惠手段,减少养老机构的运营成本。最后,推进老年人法律援助制度。如建立专业性法律服务机构，为老人提供相应的法律咨询、法律调解等服务。

二 健全分类与标准化管理制度

根据国际经验，分类管理有助于加强养老机构建设，可优化养老资源的配置，保障老人护理照料需求的满足以及机构监管与评估的有效性。《中华人民共和国老年人权益法》在此方面也有相应规定。西方各国普遍按照老人类型和所需服务不同将养老机构进行分类，如美国、日本、澳大利亚、英国等都对养老机构实施分类管理制度，大都根据功能差异对养老机构类型作出了详细划分。

现阶段，由于分类管理制度不健全，山东省养老机构的管理效率较低。因此，建立健全养老机构分类管理制度，是提高养老机构监管有效性的重要前提，也是充分发挥养老机构自身特色资源的重要途径。

1. 对养老机构功能合理定位，实现养老机构多样化发展

一方面，根据养老机构性质的差异，对其进行差异化的功能定位。如借鉴美国的功能分类，根据提供服务的全面程度，将养老机构划分为三种类型：提供24小时医疗照顾服务的技术护理型、提供24小时监护和护理服务的中级护理型以及提供膳食和个人帮助的一般照顾型养老机构（桂世勋，2001）。在中国，根据养老机构性质的不同，可以对养老机构按照功能差异化进行细致定位。如公办养老机构以保障性养老为主，优先收住失能、失智、失独、高龄及各类低收入困难老人群体，着重满足这部分老人的最基本需求。其中，医疗护理条件较好的可以建设成医护型养老机构，开展规模经营。而民办养老机构可以回应市场需要，有针对性地提供差异化、个性化的养老服务。如自身条件较好的民办养老机构，可以逐步朝供养型、养护型方向转型升级，为经济条件好的老人提供高层次、个性化的服务（吴玉韶、王莉莉，2015：112）。

2. 建立统一的入住评估制度，完善分类标准

建立和完善入住评估制度，科学评估老人的健康水平。该标准涵盖身心健康状况、自理情况、经济条件等方面，以评估结果为依据划分老人的照护等级，从而确定适合的养老机构类型，合理配置入住资源（谭英花，2014）。如香港的养老机构针对入住老年人进行统一的评估，以此来确定老人需要照护的类型。2000年，香港社会福利署推行对老人的身体自理

程度、残疾等级、认知能力进行评估的"安老服务统一评估机制",注重在评估的基础上确定老人的护理照料需要,以此为依据对老人开展有针对性的长期照护服务。

明确界定民办养老机构的不同性质,划分民办养老机构的营利性和非营利性。针对后者,允许其在经营活动中微利,并实行有限产权,明晰原始投资产权属于机构举办人,而后期的经营收入以及其他来源资金的所有权属于机构,以推动民营养老机构的正常投资运营和扩大规模(陈敏,2013)。根据老人身体状况,分为身体健康能够自理、部分自理、完全不能自理三种类型。结合上述老人类型,养老机构相应为其提供自理型、助养型、养护型服务。另外,在服务范围、服务内容、服务标准、收费标准等方面实施差异化管理,并实施针对性的监管(吴玉韶、王莉莉,2015:112)。

三 养老服务业的资金来源多样化

目前,政府针对养老机构的建设和运营虽然提供了一定的资金补贴支持,但与日益增长的机构养老需求以及推动养老机构的长远发展所需资金支持相比,仍然相对较少。资金缺口对民办养老机构而言更是经营中的常态,寥寥无几的补贴无法填补庞大的缺口。因此,解决资金困难成为养老机构发展的当务之急。如建立养老机构投资建设和运营发展的专项资金以及相应的投入增长机制,结合本省人口老龄化、社会经济发展水平、财政收入等实际适当增加省财政投入比例以及提高相应补贴标准。确保福利彩票公益金投入养老服务事业的比重不低于50%,并努力实现资金支持渠道的规范化和持续性,通过政府担保、贷款优惠等方式不断引领其他形式的社会资本投入,保障养老机构的运营和发展。

基于养老机构产权的不同建立差别化的投入机制,并将其纳入政府预算逐渐形成长效投入机制,加大对新建公办、民办养老机构的建设补贴以及运营的经费补贴。可将运营管理权通过公开招标交付给专业化的社会管理机构来负责,逐步实现公办养老机构的改制、改组,对已经形成租赁产权的养老机构要注重保护其机构和房屋的使用权(胡晶焱,2011)。扩大资金补贴范围,完善运营补贴体系,消除公办和民办养老机构财政补贴的差异,保障相关优惠政策的落实,解决养老机构发展中的资金问题,营造公平有序的养老服务市场。如针对养老机构消防设施改造难题,为其提供改造补贴。

对于传统救济型的福利院以及敬老院,政府的财政投入要"以事养人",提高资源利用效率;对于福利型的公办养老机构要加快其改革步伐,采取公建(办)民营的运营方式,在保障发挥其"兜底"作用的前提下,提高养老服务供给能力(赵景阳,2014)。

四 统筹地区养老机构的建设布局

1. 制定宏观发展规划和发展目标

根据2017年8月16日山东省政府印发的《"十三五"山东省老龄事业发展和养老体系建设规划》,要求各级政府树立全局意识,在认真调查的基础上,科学把握养老服务业发展的总体方向,使养老机构发展规划成为经济社会发展总规划中的重要部分。要积极借鉴其他地区的成功经验,根据本地人口老龄化发展的趋势、老人支付能力、机构养老需求增长的需要合理布局各类养老机构的建设和发展,制定科学合理的养老机构发展目标,优先调配资源予以保证,增加养老服务供给能力,避免重复建设和资源浪费。

2. 统筹各地区养老机构的均衡发展

澳大利亚将兴办养老机构纳入政府整体规划,以区域老人数量和养老需求为基础制定养老机构发展规划,从宏观上对区域内养老资源进行合理配置,避免恶性竞争和资源浪费(谭英花,2014)。

就山东省而言,由于物质基础较好,财政投入相对较多,养老机构整体发展情况要好一些。这对民营资本有较大吸引力,民办养老机构发展较快。由于各地养老机构发展程度不一,因此要合理统筹各地各级政府财政,加大对中西部地区养老机构的资金投入,合理规划各区养老机构建设布局,优先增加中西部地区养老机构和床位的供给,缩小地区之间养老机构发展差距。同时建立各地区养老服务合作机制,实现区域间养老资源优化配置、养老机构均衡发展。

五 构建养老机构的多样化发展格局

根据养老机构的性质和功能分类进行宏观调控,统筹规划各类养老机构的协调发展,形成优势互补,构建多层次养老机构发展格局,从而回应老人不断增长的机构养老需求,提高养老机构的资源利用率。

1. 统筹公办和民办养老机构的发展

对于公办养老机构的入住对象要进行一定的限制,优先保障经济困难老人或者身体自理能力差的老人入住,为其提供或购买相对低廉的福利性养老服务,发挥政府的"托底"作用。对于经济条件较好,生活基本能够自理的老人,要鼓励他们根据自身实际情况选择合适的养老机构(胡晶焱,2011)。在明确服务对象实际养老需求的前提下,适当控制公办养老机构的规模,增加政府购买民办养老机构服务以增加机构养老服务的供给。同时,通过政府政策支持和开展市场竞争的途径,提高民办养老机构的资源利用效率。

在社会福利社会化的进程中,要进一步为扶持民办养老机构的发展创造条件。如《"十三五"山东省老龄事业发展和养老体系建设规划》指出,"十三五"期间,政府运营的养老床位占比要不超过20%。也就是说,八成以上的养老床位需要交给社会来提供。因此,根据功能定位,民办非营利性养老机构应以中低收入老人为主要服务对象;营利性养老机构主要面向收入较高的老人,其运营可采用市场化运作。总体而言,公办、民办营利、民办非营利养老机构在数量上应是逐渐增加的布局结构(傅亚丽,2009)。

2. 统筹不同功能养老机构的发展

目前山东省养老机构中介助和介护老人的入住比例仍然较低,老人持续增长的长期照护需求难以满足。按照规定,"十三五"期间,护理型养老床位占比要不低于30%。对此,重点加强医护型养老机构建设,进一步促进医养融合,提升养老机构的照料护理和康复保健服务水平。因此,要进一步明确医养结合标准,制定相关扶持政策,为推进医养结合提供制度保障。

3. 统筹机构类和社区类养老机构的发展

国外的社区养老照护服务发展情况优于国内,但不同地区有其不同的发展模式。英国早在1990年就出台了《国民健康服务和社区照顾法》,主要以社区为依托来构建社会养老服务体系,将需要在医院长期护理的老人转为社区照护(祁峰,2014:111)。瑞典则根据城市社区的分布来布局养老机构,从而实现社区资源与养老机构的有机结合。在每个城市的社区都建立养老机构,与社区的交通、生活、硬件设施设备等资源、环境条件融为一体,为入住老人提供更优质的服务,并且引起社区老人共同入住效应。社区内的养老机构设施完备,其餐厅、活动室等公共资源对社区老年人开放以方便其交流,同时为社区老人提供紧急援助、起居照料等上门服务,不断扩大养老服务的外延(王文,2008)。

因此,要鼓励社区养老机构的发展,将养老机构建在社区之中,以充分发挥社区养老设施的功能,有效利用现有社区资源,同时还可帮助老人适应周围环境,并为其提供更优质的服务,提高其社会化程度。社区养老机构还可利用其专业化以及地理位置优势,发挥对其他养老方式的辐射和引导作用,为社区居民提供养老服务,或者为社区养老服务组织提供更专业的帮助,实现机构养老、社区养老与居家养老的相互贯通(付月娇,2016)。

针对目前社区类养老机构大量闲置的状况,应加强对其的改建和转型升级工作,充分发挥其优势。可借鉴日本重视养老设施社区化发展方向的经验,着重发展社区嵌入式小型养老机构,建设难度小且方便老人及家属,积极引导养老机构辐射周边社区,更好地实现多种养老方式的有机结合(祁峰,2014:111)。

六 推进养老服务人员队伍建设

养老服务离不开专业人才。国外都非常重视养老机构专业人才的培养,针对各类工作人员的具体职责、专业化任职条件进行明确的规定,相关责任、培训、薪酬等方面也比较规范。因此,国外养老服务人才专业化和职业化程度总体比较高。如日本护理工作人员有十几种之多,分工和任职均不同,且制定了诸如《护理福祉师及社会福祉师法》等针对专业人才培养的法律。借鉴国外经验,山东省要加强养老机构专业人才队伍建设,提高人员素质和专业化服务水平。

1. 加强专业人才的教育培训工作

建立系统的养老服务人才培养体系,鼓励院校开设相关专业和课程,并在专业建设、师资队伍、就业培训等方面给予一定的财政资金支持以及优惠政策,构建多层次系统化的教育体系。可从国家层面参照"免费师范生"模式,在养老服务人才的培养上推行免费政策,在其就业中进行政策扶持,鼓励此类技能人才的培养。另外,通过职业培训,不断开发心理咨询师、社会工作师等专业性较强的职位,培养综合性人才。

完善护理员培训制度,加强对在职养老管理人员和服务人员的培训和继续教育工作,并加大人员补贴力度。建立养老服务职业技能教育和培训基地,开展定向培训和集体培训等形式多样的专业技能培训,对养老机构管理人员开展管理学知识、市场营销知识等方面的培训,对服务人员开展老年医学、老年护理学等方面的培训,不断提高其专业化技能和综合素质。开展对从业人员职业道德的教育,提高其职业认同感、职业道德感。充分发挥养老服务行业协会作用,鼓励其承办或者组织养老服务人员的培训工作。

2. 完善从业人员的技术等级和职称评定工作

美国针对养老机构的管理人员以及护理人员都实施分类管理,对其职责和任职条件都作出详细规定。香港养老机构中的工作人员,从护士、保健员到护理员、助理员,均须获得资格认证后才能上岗(吴玉韶、王莉莉,2015:106—107)。因此,实行工作人员持证上岗制度,保证人员持证上岗率,明确规范不同类型人员的基本素质、专业任职资质和标准,完善其技术职称评估评定制度,开展相关的技术等级评定以及职业资格认定工作,能够促进工作队伍的职业化与专业化建设(吴玉韶、王莉莉,2015:113)。

3. 提高从业人员的待遇和社会认可度

首先,设定养老服务人员的最低工资标准,通过薪酬保障制度和特殊岗位津贴制度,使养老机构服务人员能获得收入增长的前景,并提高相应的社会保障待遇为其解除后顾之忧。同时建立适当的激励机制,将薪酬制度与职业资格等级、绩效考核等相匹配。其次,加大对优秀养老服务人员的奖励力度和舆论宣传,发挥榜样的激励作用,提高从业人员的社会地位,吸引更多人才加入养老服务队伍。最后,稳定人员队伍,缓解人员短缺问题。

此外,要积极营造职业平等的社会文化氛围,开发养老服务公益性岗位,广泛吸收社会优秀专业人才以扩充服务人员队伍,积极引导老年护理、社会保障等相关专业的高校毕业生到养老机构从事养老服务，实行入职奖励补助制度和实习补贴制度，不断提高服务人员的整体素质。

七 加强养老机构的监管工作

1. 进一步完善监管制度

为提高养老服务质量，西方各国针对养老机构都制定了比较严格的监管制度。在日本，通过制定《护理保险法》《老年人福利法》《养老机构的设备和运营标准》等一系列法律，实施严格的审查、准入、监管制度来保障养老机构的健康发展。日本主要从中央、县和市级三个层面对养老机构实施监管，同时规定养老机构的人员、服务信息必须接受第三方的评估（孙熠、应丹丹等，2013）。而我国香港为加强安老院管理也建立了安老院评审制度，规定安老院只有通过评审才能申请牌照。

对山东省而言，要明确各级政府的监管职责，进一步健全养老机构的监管制度，制定行业运行指导标准、细化管理条例以及政策落实监管步骤，提高法规的可操作性。如在行政审批上，进一步简化非营利性养老机构的设立流程和烦琐手续，为其开辟"绿色通道"。为社区内长期照护养老机构制定管理办法和细则，取消消防手续办理的一些不合理规定等。

日本在1988年公布了《老人院的机能及服务评价》，实现了养老服务的标准化和机构运营评价的具体化。可借鉴其经验，制定完善的养老机构评估制度，在法律上明确涵盖养老机构设施建设、人员素质、管理服务等指标在内的科学评估体系。同时，养老机构的标准化建设需要进一步加强，要在服务标准、设施标准、评估标准等方面进行统一规定，建立标准化管理体系，保障养老服务质量。

进一步完善养老机构的准入和监督制度，开展对养老机构的行政许可、经营转让、等级认定、评估检查、监督审核等工作，维护市场运行秩序。在澳大利亚，对养老机构的审批、建设、运营均有严格的准入制度，未达规定者不能颁发许可证。

此外，政府还要对养老机构开展定期的监督和检查，对不符合规定的养老机构给予整顿或取消运营资格等处罚措施，保证养老服务市场的规范。对养老机构工作人员也实行严格的准入制度，不具备相应从业资格和执照者不能上岗（谭英花，2014）。

2. 构建多元化主体监管机制

美国的老龄工作机制和体系比较完备，主要包括各级政府老龄组织以及志愿服务体系（王齐彦、李慷，2014：56）。英国有英格兰的照顾质量委员会、苏格兰的社会服务监察会等专门评估、监管养老机构质量的组织，内部配备一些专家，制定完备的监察、评估机制，每年联合其他部门对养老机构环境、服务等方面开展监管工作，并据此对养老机构服务质量的改进提出建议。

加强组织领导，厘清各级政府主管部门的具体权责，建立多部门联动监管制度或成立统一的养老机构管理部门，整合资源进行协同监管。如在全省范围内成立由老龄委、民政部门主导，省领导为组长，包括人力资源与社会保障、消防、财政等部门参与的"社会养老服务建设领导小组"，共同开展对养老机构的监管工作，督促相关政策的落实。

通过行业协会管理养老产业。通过行业协会制定行业内明晰的、可操作性强的规约和标准，加强养老机构间的横向合作和经验交流，规范养老机构的行为，强化行业指导、监督和自律，避免恶性竞争，营造规范市场环境（金晓阳，2016）。为加强政府与养老机构的联系，可构建双方信息交流和反馈机制，从而提高政府监管的有效性。

日本在2000年引入第三方评价机制，对养老机构的人员配置、硬件设施设备、服务方式、服务内容、服务质量和经营成本进行客观和公正的评价，进一步完善了养老机构发展制度（孙碧竹，2011）。为保障评价的专业性和客观性，可借鉴日本经验，由省老年产业协会主导引入养老服务第三方评价机制，培育第三方机构，组建包括专家、志愿者等在内的外部评估主体，实施对养老机构的综合评估和检查监督，以确保养老机构的正常运行（吴玉韶、王莉莉，2015：118—120）。

3. 加强信息化监管

大力推行"互联网＋养老"，依托省市级层面统一的养老信息与服务网络平台，加强对养老机构的信息化管理，并不断完善动态监管系统，对养老机构的发展和运营情况进行定期跟踪，以提高管理效率，维护老年人的合法权益，规范养老机构的发展。

第二节 养老机构的建设与服务提升

养老机构的软硬件设施、服务质量是影响入住老人晚年生活质量最直接的因素。养老机构要根据市场调研、自身条件进行明确的功能定位,利用政府提供的优惠政策,根据老人的不同提供差异化的服务。为提高养老服务质量,要在软件、硬件、服务内容、服务方式上实现优化改进。

一 加强自身软硬件建设

硬件设施设备作为养老机构的基础设施,是养老服务的重要前提,其完善程度如何直接影响所提供服务质量的好坏。养老机构的建设要按照国家有关标准进行科学合理的规划和布局,以老年人需求为本配备室内外硬件设施。而已建成的养老机构要根据自身条件不断更新和改善硬件设施设备,从而提高基础设施建设水平,保障老人的基本物质生活质量。为满足老人多层次需求,要不断完善休闲娱乐、康复保健、医疗护理等设施。在日常生活照料和健康需求外,还需要丰富他们的精神文化生活。比如自理型养老机构可以设立健身场所,增加文化娱乐设施,满足老人精神文化需求。同时应配备适当的医疗设施,采取自设卫生室或者与医院、社区服务站合作的方式为老人提供相应的医疗服务。

二 提升机构养老服务质量

养老机构要按照接收老人身体类型、所需提供服务内容的现实需求量配备数量足、专业素质高的服务人员。建立人才选聘制度,在全社会范围内广纳贤才,引入优秀的管理人才和专业的护理人员,不断壮大养老机构的人员队伍。同时还应配备心理咨询师、护理康复师、社会工作师、营养师等专业人员,提供专业的、高质量的机构养老服务。

优化员工队伍结构。建立工作人员培训制度,通过鼓励从业人员参加组织内外的专业知识和技能培训来提升其业务水平和素质,实现规范上岗。通过专业技术资格评定、职业技能鉴定,加强从业人员的专业技术资格工作,不断优化员工技能等级结构。

立足本机构内外资源,积极拓展养老服务的内涵,根据老人实际适当增加养老服务项目，满足老人不同层次的养老服务需求，并不断提高服务质量。如针对高龄、失能老人提供生活照料、护理康复、临终关怀等综合性服务。在供给模式方面，需要努力探索如何将养老和医疗服务相结合，挖掘养老机构医养结合的潜力，同时辅以必要的医疗设施设备，完善医保支付政策，依据老人的健康状况有针对性地开展所需的健康管理、长期护理和康复工作。根据机构规模大小等级，提供相应的医养服务。规模较大的养老机构可内设护理院，并纳入定点医保报销范围，医护人员由合作医院提供；规模较小的可内设医务室，通过与就近社区卫生服务中心和医院的定点合作促进医养结合。

三 加强养老机构的内部管理

作为养老机构，要以服务老年人和社会的理念为指导来开展机构的管理和服务工作，配备素质高、能力强、有爱心的管理人员，不断提高机构的科学管理水平。在国际上，瑞典养老机构内部管理的规范化、专业化程度较高。机构负责人一般为聘任的专门经理，自主权较强，主管机构运营和人员管理等工作。机构内部的社工和护士均具备相应专业背景，且分工明确，前者承担老人起居照料，后者承担护理服务。另外，养老机构还针对入住老人的身体状况实行分组管理，以便提供精细化服务（王文，2008）。

因此，通过逐步完善机构内部的服务标准和规章制度，以明确双方的权利义务，同时合理规划管理职能及服务功能，明确不同岗位人员的分工，建立科学的管理体制机制。可以借鉴国内外先进管理经验，引入国际质量认证体系，在机构内部开展质量管理。

强化网络信息化管理，提高管理效率。对员工开展职业道德和专业技能培训，严格持证上岗制度。同时加强对员工的人性化管理，完善长效激励机制，根据自身经营情况确定合理的员工福利待遇水平，并形成动态调整机制，将员工年度考核绩效、职业资格认定、职称聘任与薪酬福利相结合，激励员工，明确其服务职责。开展机构内部的民主管理，兼顾服务员工、入住老人以及老人家属的意见，充分调动他们参与机构管理事务的积极性，鼓励他们为机构发展建言献策以提升管理水平。此外，要加强机构的风险管理，积极投保责任保险，强化员工的风险意识，防范安全责任事故（吴玉韶、王莉莉，2015：118—120）。

第三节 社会支持环境的营造与优化

一 提升有效需求

总体供给不足以及微观资源浪费现象的存在，使得养老服务市场发展低迷。因此，激活老人对机构养老服务的有效需求，才是推动机构养老服务事业发展的根本动力。

1. 通过制度安排提高老人的照护支付能力

进一步完善老年人的高龄补贴、护理补贴和养老服务补贴等制度，对入住养老机构的老年人按照身体状况开展分类补贴，为他们提供有力的经济保障。及时总结青岛成熟、成功的经验，逐步在全省范围内推广长期照护保险制度，通过与保险公司、金融机构合作等途径构建政府、单位与个人风险共担机制，根据老人支付能力而采取不同的制度安排，减轻老人及其家庭的长期护理负担，提高老人对照护服务的支付能力。

2. 扩大宣传，营造良好社会氛围

弘扬传统孝道，推动全社会养老观念的转变。在社会上营造爱老、敬老的氛围，给予老年人更多关怀，为养老服务从业人员的职业认可奠定社会基础。广泛利用各种大众传媒，加大对社会化养老的宣传力度，树立典型，积极发挥示范作用。引导老人、老人子女乃至全社会由传统的养老观向新的社会养老观转变，使其逐步在心理上接受、认同机构养老。提高全社会对养老机构和从业人员的认同度，倡导老年人合理选择机构养老方式，并吸引更多人投入到养老机构建设中来，为养老机构的发展营造良好的社会支持氛围。

养老机构要通过改善居住环境和软硬件设施，提供多样化、个性化的优质养老服务以营造"家"的感觉，吸引老人入住。同时，政府通过宣传引导，如通过电影、戏曲、表演等形式，深入社区、村庄为群众讲解机构养老发展的必然性和重要性，提高人们对机构养老的认识水平，逐步改变人们固有的认知偏见，激发机构养老服务的潜在需求，提高社会认同度，提高机构的入住率（段江平，2013）。

二 动员社会参与

1. 全面放开养老市场，探索多元经营模式

坚持社会福利社会化的道路，构建政府、社会与非营利组织的协作伙伴关系，共促养老服务社会化进程。《政府工作报告2018》指出，要"支持社会力量增加养老服务供给"。

全面放开养老市场，进一步鼓励和引导不同性质的社会组织、企事业单位或个人等社会力量参与机构养老产业的建设，通过主体多元化提高养老服务供给能力，这主要涉及政策扶持、资本准入、融资成本等层面的问题。

充分发挥市场机制作用，培育民间组织、社会服务团体等第三部门力量，逐步向他们转移养老机构的经营权，构建独资、合资、合作、民办公助、公建（办）民营等多种经营形式并存的养老机构发展网络，推动养老机构的良性发展。2020年，山东全省公办养老床位占比不超过20%。这就需要政府放开市场准入，鼓励"公助民营""民办公助"等模式的发展，充分落实各项优惠政策和财政补贴，形成社会资本兴办养老机构的发展格局。

2. 推行公办（建）民营模式

在实施分类管理的基础上，进一步创新养老机构的运营模式，对于经营困难的公办养老机构实施市场化改革。采用公办（建）民营模式，既可以减轻民办养老机构的前期投资成本，又可以提高公办养老机构的运行效率，还可避免收费的不合理现象，保障市场竞争环境的公平性（谭英花，2014）。山东省民政厅发布的《关于推进公办养老机构改革的指导意见》明确指出，2020年全省80%以上的公办养老机构要实现公建民营或转制的目标任务。在推进公办民营养老机构的建设进程中，一方面要注意提高原政府供养人员的供养费用，另一方面要在招标时注重规范化和标准化运作。此外，对于需要改建的养老机构，可由政府统一开展工作，并在此基础上实现民营的目标。

3. 提高社会支持水平

美国养老机构的志愿服务较发达，13岁以上人口平均每周去养老机构志愿服务4小时，为老人提供相应服务，极大节省了机构的运营成本

（谭英花，2014）。《"十三五"山东省老龄事业发展和养老体系建设规划》指出，要实现老年志愿者注册人数达12%以上的发展目标。因此要注重引导公民和社会公益组织投身养老服务行业，发展和培育老年慈善组织，为养老机构提供更多的物质和活动支持。

鼓励中小学生、在职职工、志愿服务人员等组建养老服务志愿者队伍，为养老机构的老人开展多种形式的志愿服务。相关部门要为志愿者提供必要的业务指导、财政支持和服务平台，促使志愿活动朝常态化、制度化和持续化的方向发展，以强化志愿服务对机构养老服务的支持（熊海强，2016）。

参考文献

一 中文著作（含译著）类

陈银娥：《社会福利》，中国人民大学出版社2004年版。

［日］大渊宽、森冈仁：《经济人口学》，北京经济学院出版社1989年版。

范斌：《福利社会学》，社会科学文献出版社2006年版。

付诚、王一：《中国养老模式研究》，西南财经大学出版社2010年版。

顾俊礼：《福利国家论析——以欧洲为背景的比较研究》，经济管理出版社2012年版。

桂世勋：《上海与香港社会政策比较研究》，华东师范大学出版社2003年版。

姜向群：《老年社会保障制度——历史与变革》，中国人民大学出版社2006年版。

李本公：《中国人口老龄化发展趋势百年预测》，中国华龄出版社2006年版。

李士雪、马效恩：《机构养老服务需求与供给发展现状：以济南市为例》，山东大学出版社2012年版。

莫龙、韦宇红：《中国人口：结构与规模的博弈》，社会科学文献出版社2013年版。

穆光宗：《老龄化中国：问题与对策》，中国协和医科大学出版社2012年版。

穆光宗：《银发中国：从全面二孩到成功老龄化》，中国民主法制出版社2016年版。

祁峰：《中国养老方式研究》，大连海事大学出版社2014年版。

世界卫生组织：《积极老龄化政策框架》，华龄出版社 2003 年版。

孙常敏：《世纪转变中的全球人口与发展》，上海社会科学院出版社 1999 年版。

孙鹃娟、杜鹏：《中国人口老龄化和老龄事业发展报告（2015）》，中国人民大学出版社 2016 年版。

田雪原、王国强：《全面建设小康社会中的人口与可持续发展报告》，中国人口出版社 2004 年版。

田雪原：《中国老年人口》，社会科学文献出版社 2007 年版。

王齐彦、李慷：《老年服务业态研究》，人民出版社 2014 年版。

王树新：《中国养老保障研究》，华龄出版社 2012 年版。

邬沧萍：《漫谈人口老化》，辽宁人民出版社 1987 年版．

邬沧萍：《老年社会学》，中国人民大学出版社 1999 年版。

邬沧萍、穆光宗：《中国人口的现状和对策》，清华大学出版社 2005 年版。

吴玉韶、王莉莉：《中国养老机构发展研究报告》，华龄出版社 2015 年版。

熊必俊：《中国人口老龄化》，中国大百科全书出版社 2001 年版。

许虹、李冬梅：《养老机构管理》，浙江大学出版社 2015 年版。

阎坤：《中国养老保障制度研究》，中国社会科学出版社 2000 年版。

杨雪：《世界人口老龄化读本》，学习出版社 2017 年版。

姚远：《非正式支持的理论与实践》，知识产权出版社 2011 年版。

于洪：《外国养老保障制度》，上海财经大学出版社 2013 年版。

于秋华、于颖：《中国特色养老模式研究》，中国社会出版社 2012 年版。

张良礼：《应对人口老龄化——社会化养老服务体系构建及规划》，社会科学文献出版社 2006 年版。

张善余：《人口地理学概论》，华东师范大学出版社 2013 年版。

张晓霞：《未来我们如何养老》，江西人民出版社 2012 年版。

中华人民共和国建设部：《老年人居住建筑设计标准》，中国建筑工业出版社 2003 年版。

邹继征：《我国养老体系完善与养老产业发展研究》，新星出版社

2015年版。

二 学位论文类

蔡燕：《人口老龄化背景下山东省养老保障问题研究》，硕士学位论文，吉林大学，2015年。

陈敏：《江西省民办养老机构发展研究》，硕士学位论文，南昌大学，2013年。

迟向正：《基于生理和心理需求研究的养老院人性化设计》，硕士学位论文，天津大学，2008年。

段江平：《人口老龄化背景下我国公办养老机构的发展研究——以佛山市南海区敬老院为例》，硕士学位论文，华中师范大学，2013年。

付月娇：《北京市养老机构供需问题及对策研究》，硕士学位论文，首都经济贸易大学，2016年。

傅亚丽：《机构养老的需求与养老机构的发展》，硕士学位论文，南京农业大学，2009年。

胡晶焱：《上海市养老机构发展模式及对策研究》，硕士学位论文，复旦大学，2011年。

黄恒玲：《贵州省养老服务机构发展现状、问题与对策研究》，硕士学位论文，天津大学，2011年。

焦亚波：《社会福利社会化背景下的上海养老机构发展研究》，博士学位论文，华东师范大学，2009年。

金晓阳：《南宁市民办养老机构发展研究》，硕士学位论文，广西民族大学，2016年。

孔丹：《山东省养老服务机构调查研究》，硕士学位论文，山东财经大学，2010年。

黎剑锋：《民办养老机构服务供给现状及对策研究——以厦门市思明区为例》，硕士学位论文，厦门大学，2014年。

李晶：《城镇养老机构发展中的政府角色定位问题研究》，硕士学位论文，吉林大学，2010年。

李青：《济南市机构养老问题与对策研究》，硕士学位论文，山东财经大学，2014年。

李石：《吉林省养老机构服务现状及对策研究》，硕士学位论文，长春工业大学，2015年。

刘本强：《我国养老机构供求状况分析》，硕士学位论文，山西财经大学，2010年。

刘晓颖：《民营养老机构发展研究——以河南省H市为例》，硕士学位论文，西南交通大学，2014年。

孙碧竹：《吉林省养老机构发展研究》，硕士学位论文，吉林大学，2011年。

谭英花：《上海机构养老资源配置研究》，硕士学位论文，上海工程技术大学，2014年。

陶文莹：《北京市养老机构发展数量与功能研究》，硕士学位论文，首都经济贸易大学，2010年。

王伟伟：《山东省人口老龄化及养老模式研究》，硕士学位论文，山东师范大学，2002年。

熊海强：《民营养老机构发展政策支持体系研究》，硕士学位论文，华东政法大学，2016年。

徐英姿：《城市机构养老的发展》，硕士学位论文，复旦大学，2008年。

闫婷：《济南市民办养老机构发展问题研究》，硕士学位论文，山东大学，2014年。

张栋：《公办养老机构服务供给影响因素研究》，硕士学位论文，山东财经大学，2016年。

张瑾瑾：《以顾客为导向的机构养老发展分析——以上海市浦东新区为例》，硕士学位论文，复旦大学，2012年。

张路：《中国机构养老服务业发展路径探析》，硕士学位论文，南京大学，2014年。

张美丽：《上海市机构养老服务供给与需求的现状与发展研究》，硕士学位论文，上海工程技术大学，2012年。

赵宏玲：《人口老龄化背景下山东省基本养老保险制度改革研究》，硕士学位论文，山东财经大学，2016年。

赵晶磊：《社会福利社会化中我国养老机构的发展研究》，硕士学位论文，大连理工大学，2008年。

赵景阳：《"三化"背景下县域养老机构发展研究——以河南省X县为例》，硕士学位论文，广西师范大学，2014年。

赵小艳：《老龄化背景下养老服务的多元供给主体研究》，硕士学位论文，西北大学，2008年。

仲姝伟：《福利多元化视角下城镇机构养老资源整合研究》，硕士学位论文，华东理工大学，2013年。

邹冰峰：《我国养老机构发展的问题与对策——基于南京市养老机构的调查》，硕士学位论文，南京工业大学，2013年。

三 中文期刊类

曹梅娟：《养老服务机构护理人员现状调查》，《护理研究》2008年第12期。

曾光霞：《中国人口老龄化新特点及影响》，《重庆大学学报》（社会科学版）2014年第2期。

曾毅：《中国人口老龄化的"二高三大"特征及对策探讨》，《人口与经济》2001年第5期。

常宗虎：《怎么看怎么办？——养老机构入住率情况的调查与分析》，《中国民政》2000年第9期。

陈贝：《影响广州养老机构发展的三大问题》，《中国国情国力》2014年第9期。

陈翠莲、姚兆余：《农村老年人机构养老意愿研究——基于对江苏省P县Z村的调查》，《经济研究导刊》2010年第1期。

陈德君：《人口老龄化与养老服务保障体系》，《人口研究》2001年第6期。

陈建兰：《空巢老人的养老意愿及其影响研究——苏州的实证调研》，《人口与发展》2010年第2期。

陈乔峰、付锐平：《中国慈善组织募捐现状及劝募有效性路径探讨》，《学会》2011年第12期。

陈武雄：《我国推动社会福利民营化的具体作法与政策发展》，《社区发展季刊》1998年第18期。

陈雪萍、章冬瑛等：《杭州市城市公共养老机构为老服务现状调查对策》，《护理学杂志》2014年第21期。

陈友华：《人口老龄化、经济发展与老年社会福利设施建设——以南京市为例》，《人口学刊》2004年第2期。

陈友华、沈晖：《关于人口老龄化七大认识问题的反思》，《探索与争鸣》2010年第6期。

陈友华、艾波、苗国：《养老机构发展：问题与反思》，《河海大学学报》（哲学社会科学版）2016年第6期。

程浩、管磊：《对公共产品理论的认识》，《河北经贸大学学报》2002年第6期。

程远、张真：《上海市区老年人养老意愿研究》，《人口与发展》1999年第4期。

程智开、丰云：《公共服务民营化的理论基础及政府角色定位》，《湖南广播电视大学学报》2009年第1期。

初炜、胡冬梅等：《老年人群养老需求及其影响因素调查分析》，《中国卫生事业管理》2007年第12期。

崔树义、田杨：《养老机构发展"瓶颈"及其破解——基于山东省45家养老机构的调查》，《中国人口科学》2017年第2期。

戴建兵：《我国人口老龄化程度以及老年人口量与质的实证分析——基于"四普"、"五普"和"六普"数据》，《兰州学刊》2017年第2期。

戴维、铃木博志、长谷川直树：《北京养老服务机构入住理由及位置选择的初探——关于合理布局建设养老服务机构》，《城市规划》2012年第9期。

狄金华、季子力、钟涨宝：《村落视野下的农民机构养老意愿研究——基于鄂、川、赣三省抽样调查的实证分析》，《南方人口》2014年第1期。

丁华、徐永德：《北京市社会办养老院入住老人生活状况及满意度调查分析》，《北京社会科学》2007年第3期。

丁煜、叶文振：《城市老人对非家庭养老方式的态度及其影响因素》，《人口学刊》2001年第2期。

董红亚：《中国政府养老服务发展历程及经验启示》，《人口与发展》

2010 年第 5 期。

董红亚：《非营利组织视角下养老机构管理研究》，《海南大学学报》（人文社会科学版）2011 年第 1 期。

杜吉国、侯建明：《我国人口老龄化城乡倒置的影响及解决对策》，《理论探讨》2012 年第 3 期。

杜鹏：《中国人口老龄化主要影响因素的量化分析》，《中国人口科学》1992 年第 6 期。

杜鹏：《中国人口生育率的下降与人口老龄化》，《中国人口科学》1995 年第 2 期。

杜鹏：《北京市人口老龄化发展趋势及其社会经济影响》，《人口与经济》1999 年第 1 期。

杜鹏、翟振武、陈卫：《中国人口老龄化百年发展趋势》，《人口研究》2005 年第 6 期。

杜鹏、王武林：《论人口老龄化程度城乡差异的转变》，《人口研究》2010 年第 2 期。

方伶俐、杨娥：《我国养老机构发展现状与对策研究》，《学理论》2014 年第 13 期。

风笑天：《从"依赖养老"到"独立养老"——独生子女家庭养老观念的重要转变》，《河北学刊》2006 年第 3 期。

冯占联、詹合英、关信平等：《中国城市养老机构的兴起：发展与公平问题》，《人口与发展》2012 年第 6 期。

付诚、王一：《政府市场的双向增权——社会化养老服务的合作逻辑》，《吉林大学社会科学学报》2010 年第 5 期。

复寿劳：《浦东老年人的养老意愿》，《社会》1997 年第 11 期。

傅桦：《社会养老模式及其服务设施》，《首都师范大学学报》（自然科学版）2000 年第 2 期。

高晓路：《城市居民对养老机构的偏好特征及社区差异》，《中国软科学》2013 年第 1 期。

高岩、李玲：《机构养老服务研究文献综述》，《劳动保障世界》（理论版）2011 年第 7 期。

郜波：《促进养老机构健康全面发展之对策》，《中国民政》2014 年第 5 期。

胡万钟：《从马斯洛的需求理论谈人的价值和自我价值》，《南京社会科学》2000 年第 6 期。

葛稣、班晓娜：《发展我国养老机构的途径探析》，《辽宁经济》2014 年第 6 期。

关信平、赵婷婷：《当前城市民办养老服务机构发展中的问题及相关政策分析》，《西北大学学报》（哲学社会科学版）2012 年第 5 期。

桂世勋：《合理调整养老机构的功能结构》，《华东师范大学学报》（哲学社会科学版）2001 年第 4 期。

韩艳：《中国养老服务政策的演进路径和发展方向——基于 1949—2014 年国家层面政策文本的研究》，《东南学术》2015 年第 4 期。

何建宁：《人口老龄化影响因素的选择与分析》，《山东工商学院学报》2010 年第 4 期。

何妮娜：《我国养老机构运行机制市场化趋势与展望》，《西安电子科技大学学报》（社会科学版）2006 年第 4 期。

何文炯、杨翠迎、刘晓婷：《优化配置　加快发展——浙江省机构养老资源配置状况调查分析》，《当代社科视野》2008 年第 11 期。

洪学锴：《成立养老服务行业协会》，《北京观察》2007 年第 5 期。

黄健元、谭珊珊：《江苏省民办养老机构发展现状、困境及出路》，《西北人口》2011 年第 6 期。

黄俊辉、李放：《生活满意度与养老院需求意愿的影响研究——江苏农村老年人的调查》，《南方人口》2013 年第 1 期。

黄小燕、陈卫：《世界人口老龄化：趋势与模式》，《人口研究》1999 年第 3 期。

黄燕芬、尹太兵：《促进我国养老机构发展的财税政策》，《税务研究》2010 年第 5 期。

贾素平：《中国民办养老机构可持续发展策略》，《社会福利》2016 年第 1 期。

姜向群：《计划生育与我国人口老龄化及老年人问题》，《人口研究》1996 年第 6 期。

姜向群、杜鹏：《中国人口老龄化对经济可持续发展影响的分析》，

《人口与发展》2000年第2期。

姜向群：《对人口老龄化社会经济影响问题研究的回顾与分析》，《南京人口管理干部学院学报》2001年第2期。

姜向群、丁志宏等：《影响我国养老机构发展的多因素分析》，《人口与经济》2011年第4期。

姜向群：《养老转变论：建立以个人为责任主体的政府帮助的社会化养老方式》，《人口研究》2013年第7期。

蒋高霞、王琳、吉爱峰：《养老机构现状浅析》，《科技经济导刊》2017年第31期。

蒋正华：《中国人口老龄化现象及对策》，《求是》2005年第6期。

焦亚波：《上海市老年人养老意愿及其影响因素》，《中国老年学杂志》2010年第19期。

孔进：《山东：养老服务业步入发展"快车道"》，《中国财政》2015年第24期。

李兵：《全球老龄化的挑战：人口学如何重塑21世纪的世界》，《人口研究》2003年第2期。

李建民、杜鹏、桂世勋、张翼：《新时期的老龄问题我们应该如何面对》，《人口研究》2011年第4期。

李建民：《论人口均衡发展的概念与要义》，《人口研究》2010年第6期。

李建新：《论生育政策与中国人口老龄化》，《人口研究》2000年第2期。

李建新：《国际比较中的中国人口老龄化变动特征》，《学海》2005年第6期。

李明欢：《人口生态、人口政策与国际移民——联合国〈世界人口政策2007〉评述》，《东南学术》2011年第1期。

李芹、孙艳艳：《民办养老机构中老年人基本生活状况调查》，《社会福利》2003年第2期。

李全利：《公务员医疗保障资源供给研究综述》，《学理论》2014年第19期。

李绍纯、余翰林：《大民政　小政府　大社会——论适度普惠制度下政府与民办养老机构之间的关系》，《社会福利》2010 年第 10 期。

李蔚：《中国养老机构发展的政策建议》，《经济与管理》2008 年第 11 期。

梁鸿、程远、于娟等：《养老机构发展主要问题及公共福利政策建议——浦东新区案例研究》，《人口与发展》2003 年第 1 期。

廖楚晖：《政府行为影响城镇居民机构养老意愿的实证研究》，《财政研究》2014 年第 8 期。

刘昌平、邓大松、殷宝明：《"乡—城"人口迁移对中国城乡人口老龄化及养老保障的影响分析》，《经济评论》2008 年第 6 期。

刘峰、邹鹰、黄峰梅、杨文俊：《试论我国民办养老机构发展过程中的政府作用》，《社会工作》2004 年第 12 期。

刘贵平：《中国人口年龄结构变动及其若干社会经济问题》，《人口研究》1992 年第 2 期。

刘红、张妍蕊：《对我国民营养老机构存在的问题及发展前景的探讨》，《技术经济与管理研究》2008 年第 2 期。

刘红：《我国民营养老机构存在的问题及对策》，《特区经济》2008 年第 7 期。

刘红：《中国机构养老需求与供给分析》，《人口与经济》2009 年第 4 期。

刘建民：《广西两城市公共养老机构现状调查与对策分析》，《广西地方研究》2010 年第 3 期。

刘岚、陈功、郑晓瑛：《我国社会化养老机构未来发展策略》，《中国老年学杂志》2008 年第 4 期。

刘士杰、原新：《中国人口老龄化：进程、问题与政策》，《中州学刊》2011 年第 6 期。

刘同昌：《社会化：养老事业发展的必然趋势——青岛市老年人入住社会养老机构需求的调查》，《人口与经济》2001 年第 2 期。

刘轶宏：《连锁养老机构发展的前景及可行性分析》，《江苏商论》2014 年第 14 期。

刘益梅：《人口老龄化背景下社会化养老服务体系的探讨》，《广西社会科学》2011 年第 7 期。

龙书芹、风笑天：《城市居民的养老意愿及其影响因素——对江苏四城市老年生活状况的调查分析》，《南京社会科学》2007年第1期。

罗淳：《人口转变进程中的人老龄化——兼以中国为例》，《人口与经济》2002年第2期。

吕新萍：《养老院老人的需求与养老机构专业化——对北京市某养老院的个案研究》，《人口与经济》2004年第1期。

穆光宗：《家庭养老面临的挑战以及社会对策问题》，《中州学刊》1999年第1期。

穆光宗：《构建中国特色的"不分年龄、人人共享"的社会》，《人口研究》1999年第1期。

穆光宗：《中国传统养老方式的变革和展望》，《中国人民大学学报》2000年第5期。

穆光宗：《人口优化论：实现人口长期均衡发展的必由之路》，《人口研究》2010年第3期。

穆光宗、张团：《我国人口老龄化的发展趋势及其战略应对》，《华中师范大学学报》（人文社会科学版）2011年第5期。

穆光宗：《"防止市场失灵"和"政府失灵"两个倾向——公办城市公共养老机构"乱象"治理》，《人民论坛》2012年第11期。

穆光宗：《我国机构养老发展的困境与对策》，《华中师范大学学报》（人文社会科学版）2012年第2期。

穆光宗：《防止"市场失灵"和"政府失灵"两个倾向　公办养老机构"乱象"治理》，《人民论坛》2012年第31期。

潘昭佑：《城市机构养老发展区域比较研究——以昆明市为例》，《思想战线》2010年第6期。

彭华民、黄叶青、福利多元主义：《福利提供从国家到多元部门的转型》，《南开学报》2006年第6期。

彭希哲：《中国老龄化的人口学诠释》，《社会观察》2007年第4期。

彭希哲：《中国未来发展的四个关键性人口问题》，《探索与争鸣》2012年第5期。

秦生：《世界人口安全问题综述》，《国际研究参考》2003年第12期。

秦颖：《论公共产品的本质——兼论公共产品理论的局限性》，《经济学家》2006年第3期。

曲海波：《中国人口老龄化的人口学原因》，《人口研究》1989年第4期。

史菁：《对人口老化影响因素的再认识》，《人口研究》1988年第5期。

宋宝安：《老龄化人口养老意愿的社会学分析》，《吉林大学社会科学学报》2006年第4期。

苏国、周和宇：《澳大利亚养老服务体系考察报告》，《中国初级卫生保健》2002年第1期。

苏丽惠、董沛等：《城市老年人养老方式选择及影响因素》，《广东医学》2010年第5期。

孙唐水：《养老机构中的人力资源建设问题与对策探讨》，《南京邮电大学学报》（社会科学版）2011年第3期。

孙熠、应丹丹、姜丽萍：《国外主要养老模式介绍》，《中国护理管理》2013年第3期。

唐钧、王婴：《中国老年福利服务改革：调查与思考》，《中国人口科学》1999年第3期。

唐咏、徐永德：《中国社会福利变迁下养老服务中非营利民间组织的发展》，《深圳大学学报》（人文社会科学版）2010年第1期。

陶开宇：《提高养老服务机构收入的主要思路》，《商场现代化》2005年第11期。

陶立群：《我国人口老龄化的趋势和特点》，《科学决策》2006年第4期。

童玉芬：《人口老龄化过程中我国劳动力供给变化特点及面临的挑战》，《人口研究》2014年第2期。

王承强：《超低生育水平下的山东省区域人口老龄化趋势比较研究》，《西北人口》2009年第1期。

王桂新：《上海少子·高龄化的劳动力效果与经济可持续发展》，《人口与发展》2000年第3期。

王桂新、沈甜：《上海人口少子高龄化与和谐社会建设》，《上海师范大学学报》（哲学教育社会科学）2008 年第 1 期。

王桂新：《生育率下降与计划生育政策的作用——对我国实行计划生育政策的认识与思考》，《南京社会科学》2012 年第 10 期。

王桂新：《迁移与发展：长三角与珠三角地区的比较》，《学海》2015 年第 2 期。

王桂新：《高度重视农村人口过快老龄化问题》，《探索与争鸣》2015 年第 12 期。

王宏火：《试析我国民办养老机构发展中的政府角度定位》，《商场现代化》2012 年第 26 期。

王洪娜：《山东农村老人入住社会养老机构的意愿与需求分析》，《东岳论丛》2011 年第 9 期。

王金营：《21 世纪我国人口老化与生育政策选择》，《西北人口》2000 年第 1 期。

王金营、付秀彬：《考虑人口年龄结构变动的中国消费函数计量分析——兼论中国人口老龄化对消费的影响》，《人口研究》2006 年第 1 期。

王俊：《老龄化的标准研究》，《人口与发展》2014 年第 3 期。

王瑞华：《家庭养老、机构养老与社区养老的比较分析》，《重庆工商大学学报》（社会科学版）2010 年第 4 期。

王世军、薛宏：《民办养老院老人生活满意度研究》，《人口与经济》2006 年第 1 期。

王婷、李珏玮、张英：《公办养老院存在的必要性》，《中国老年学杂志》2007 年第 12 期。

王文：《瑞典养老福利机构》，《社会福利》2008 年第 2 期。

王晓君、刘爱芝：《山东省地区发展差距评价》，《统计与决策》2006 年第 16 期。

王志宝、孙铁山、李国平：《近 20 年来中国人口老龄化的区域差异及其演化》，《人口研究》2013 年第 1 期。

韦云波：《贵阳市城乡老年人养老意愿及影响因素》，《南京人口管理干部学院学报》2010 年第 2 期。

邬沧萍、曲海波：《面对人口老龄化挑战应做的准备》，《中国老年学杂志》1986 年第 4 期。

邬沧萍、徐勤:《对中国人口老龄化趋势和特点的新认识及对战略对策的新思考》,《中国人口科学》1990年第2期。

邬沧萍、陈卫:《世纪之交的全球人口问题》,《世界经济》1998年第10期。

邬沧萍、王琳、苗瑞凤:《中国特色的人口老龄化过程、前景和对策》,《人口研究》2004年第1期。

邬沧萍、杨庆芳:《科学认识人口老龄化》,《兰州学刊》2011年第11期。

吴玉韶、王莉莉、孔伟等:《中国养老机构发展研究》,《老龄科学研究》2015年第8期。

谢安:《中国人口老龄化的现状、变化趋势及特点》,《统计研究》2004年第8期。

谢安:《中国人口老龄化变化趋势及完善养老保险体制的研究》,《开放导报》2006年第4期。

谢代银:《新形势下发展社会化养老模式研究》,《探索》2008年第1期。

谢钧、谭琳:《城市社会养老机构如何适应日益增长的养老需求?——天津市社会养老机构及入住老人的调查分析》,《市场与人口分析》2000年第5期。

熊必俊:《论中国人口老龄化与经济的可持续发展》,《医学与社会》1997年第1期。

熊巍俊:《论我国人口老龄化下的社会养老问题》,《华东经济管理》1994年第4期。

徐俊、风笑天:《我国第一代独生子女家庭的养老问题研究》,《人口与经济》2011年第5期。

徐祖荣:《民办养老机构发展的问题表达与策略选择——基于杭州的经验》,《武汉科技大学学报》(社会科学版)2014年第3期。

闫萍、柴宇阳、王莉莉:《我国养老机构研究回顾与评述》,《老龄科学研究》2016年第3期。

严浩:《中国民办养老机构发展的趋势与展望》,《社会福利》2004年第4期。

阎青春：《我国人口老龄化的特点、发展趋势和对策研究》，《社会福利》2004年第5期。

阎青春：《我国养老机构发展中存在的主要矛盾及解决建议》，《中国民政》2007年第7期。

阎青春：《养老机构存在的矛盾及决策》，《社会福利》2007年第8期。

阎志强：《广州人口老龄化与养老机构发展分析》，《南方人口》2011年第6期。

杨团：《公办民营与民办公助——加速老年人服务机构建设的政策分析》，《人文杂志》2011年第6期。

姚从容、李建民等：《人口老龄化与经济发展水平：国际比较及其启示》，《人口与发展》2008年第2期。

姚静、李爽：《中国人口老龄化的特点、成因及对策分析》，《人文地理》2000年第5期。

于潇：《公共机构养老发展分析》，《人口学刊》2001年第6期。

于学军：《中国人口老化对经济发展的影响：是积极的？还是消极的？》，《人口研究》1995年第4期。

于学军、翟振武、杨凡等：《为什么要建设"人口均衡型社会"？》，《人口研究》2010年第3期。

袁蓓、郭熙保：《人口老龄化对经济增长影响研究评述》，《经济学动态》2009年第11期。

翟德华：《当前我国民营养老机构人力资源短缺的经济学分析》，《老龄科学研究》2014年第1期。

翟振武、陈佳鞠、李龙：《中国人口老龄化的大趋势、新特点及相应养老政策》，《山东大学学报》（哲学社会科学版）2016年第3期。

张车伟：《人口老龄化的经济后果及其战略对策》，《湖南社会科学》2006年第4期。

张涛、侯淑肖、彭嘉琳：《北京市养老服务机构服务功能及其执行情况的调查》，《中国民康医学》2005年第10期。

张文范：《我国人口老龄化与战略性选择》，《城市规划》2002年第2期。

张文娟、魏蒙：《城市老年人的机构养老意愿及影响因素研究——以北京市西城区为例》，《人口与经济》2014年第6期。

张向明：《城市老年人健康状况相关因素初步探讨》，《实用老年医学杂志》1997年第6期。

张小青：《世界老年人口将增加两倍》，《人口与经济》2002年第2期。

张再生：《中国人口老龄化的特征及其社会和经济后果》，《南开学报》（哲学社会科学版）2000年第1期。

张再云：《从管控到规制：新中国成立以来我国养老机构监管政策的历史脉络》，《老龄科学研究》2015年第1期。

张再云：《新中国成立以来我国养老机构管制政策的基本分期走向》，《南方人口》2015年第1期。

张增芳：《老龄化背景下机构养老的供需矛盾及发展思路——基于西安市的数据分析》，《西北大学学报》（哲学社会科学版）2012年第5期。

赵娜、方卫华：《人口老龄化、养老服务需求与机构养老取向》，《重庆社会科学》2016年第5期。

赵婷婷：《我国养老机构的地位、性质及运行方式研究》，《社会工作》2012年第5期。

赵迎旭、王德文：《老年人非家庭赡养方式态度及影响因素分析》，《中国公共卫生》2007年第3期。

赵迎旭、王德文：《老年人对非家庭养老方式态度的调查报告》，《南京人口管理干部学院学报》2009年第4期。

郑伟、林山君、陈凯：《中国人口老龄化的特征趋势及对经济增长的潜在影响》，《数量经济技术经济研究》2014年第8期。

郑志国：《我国人口老龄化态势和应对方略——基于全国六次人口普查的分析》，《管理学刊》2011年第5期。

钟德杨、刘晶晶：《老年化与中国养老机构发展问题研究》，《特区经济》2014年第4期。

周方：《关于Gini系数》，《数量经济技术经济研究》1993年第6期。

周清：《促进民办养老机构发展的财税政策研究》，《税务与经济》2011年第3期。

周宇:《养老机构发展呼唤创新——基于北京市海淀区养老机构的调研》,《技术经济与管理研究》2010年第5期。

周云、陈明灼:《我国养老机构的现状研究》,《人口学刊》2007年第4期。

左学金:《面临人口老龄化的中国养老保障:挑战与政策选择》,《中国人口科学》2001年第3期。

四 英文著作(含报告)

Notestein, F. W., *Economic problems of population change*, London: Oxford University Press, 1953.

Ozcan Y. A, Wogen S E, Mau L W., *Efficiency Evaluation of Skilled Nursing Facilities*, Plenum Press, 1998.

Rose, R., *Common goals but different roles: The State's Contribution to the Welfare Mix*, Oxford: Oxford University Press, 1986.

UN, *World Population Prospects: The 2002 Revision*, NewYork: NewYork: UN, 2003.

UN, *The Aging of Population and Its Economic and Social Implications*, NewYork: UN, 1956.

UN, *World Population Prospects: The 2006 Revision*, NewYork: UN, 2007.

UN, *World Population Prospects: The 2012 Revision*, NewYork: UN, 2013.

UN, *World Population Prospects: The 2015 Revision*, NewYork: UN, 2016.

五 英文期刊

Andersen R. M. (1995), "Revisiting the behavioral model and access to medical care: does it matter?", *Journal of Health & Social Behavior*, (1).

André, Beate, Sjøvold, E., Rann, stad, T., & Ringdal, G. I. (2014), "The impact of work culture on quality of care in nursing homes-a review study", *Scandinavian Journal of Caring Sciences*, (3).

Boggatz, T., Farid, T., Mohammedin, A., & Dassen, T. (2009), "Factors related to the acceptance of home care and nursing homes among older egyptians: a cross-sectional study", *International Journal of Nursing Studies*, (12).

Castle, & N., G. (2008), "Nursing home caregiver staffing levels and quality of care: a literature review", *Journal of Applied Gerontology*, (4).

Chang, S. H., & Corgan, N. L. (2006), "A partnership model for the teaching nursing home project in taiwan", *Nurse Educ Pract*, (2).

Chattopadhyay, S, Ray, S C (1996), "Technical, scale, and size efficiency in nursing home care: a nonparametric analysis of Connecticut homes", *Health Economics*, (4).

Daaleman, T. P., Williams, C. S., Preisser, J. S., Sloane, P. D., Biola, H., & Zimmerman, S. (2009), "Advance care planning in nursing homes and assisted living communities", *Journal of the American Medical Directors Association*, (4).

Daniela Cristina Ioviță (2012), "Ways of increasing degree of the quality of life in the institutions for elderly people", *Procedia-Social and Behavioral Sciences*, (46).

Denhardt, R. B., & Denhardt, J. V. (2000), "The new public service: serving rather than steering", *Public Administration Review*, (6).

Schaal, T., Schönfelder, T., Klewer, J., & Kugler, J. (2015), "Market mechanisms among nursing homes: a correlation analysis of price, quality, and demand", *Heilberufe Science*, (2).

Dharamsi, S., Jivani, K., Dean, C., & Wyatt, C. (2009), "Oral care for frail elders: knowledge, attitudes, and practices of long-term care staff", *Journal of dental education*, (5).

Faruqee, H., & Martin Mühleisen. (2003), "Population aging in japan: demographic shock and fiscal sustainability", *Social Science Electronic Publishing*, (2).

Franks, J. (2002), "Social workers need to know more about assisted living and Vice versa", *Journal of Social work in long-term care*, (3).

Garavaglia, G. , Lettieri, E. , Agasisti, T. & Lopez, S . (2011),
"Efficiency and quality of care in nursing homes: an italian case study, *Health
Care Management Science*", (1).

Grabowski, D. C. (2004), "A longitudinal study of medicaid payment,
private-pay price and nursing home quality", *International Journal of Health
Care Finance and Economics*, (1).

Greenberg J. N. & A. Ginn (1979), "A multivariate analysis of the predictors of long-term Care placement", *Home Health Care Services Quarterly*,
(1).

Groezen, V. , & B. (2005), "Serving the old: ageing and economic
growth", *Oxford Economic Papers*, (4).

Jackson R. (2002), "The global retirement crisis: The threat to world
stability and what to do about it", *The Geneva Papers on Risk and Insurance-Issues and Practice*, (4).

Jang, Y. , Kim, G. , Chiriboga, D. A. & Cho, S. (2008), "Willingness to use a nursing home: a study of korean american elders", *Journal of Applied Gerontology*, (1).

Jones, A. L. , Dwyer, L. L. , Bercovitz, A. R. & Strahan, G. W.
(2009), "The national nursing home survey: 2004 overview", *Vital and
health statistics*, (167).

Kane, R. A. , & Kane, R. L. (1988), "Long-term care: variations on
a quality assurance theme", *Inquiry: a journal of medical care organization,
provision and financing*, (1).

Kemper P. & Murtaugh C M. (1991), "Lifetime use of nursing home
care", *The New England Journal of Medicine*, (9).

Kraus, A. S. , Spasoff, R. A. , Beattie, E. J. , Holden, D. E.
W. , Lawson, J. S. , & Rodenburg, M. , et al. (1976), "Elderly applicants to long-term care institutions. Their characteristics, health problems and
state of mind", *Journal of the American Geriatrics Society*, (3).

Lindh, T. , & Malmberg, B. (1999), "Age structure effects and growth
in the OECD, 1950 - 1990", *Journal of Population Economics*, (3).

Magnus A. Björkgren, Unto Häkkinen, Linna M (2001), "Measuring Efficiency of Long-Term Care Units in Finland", *Health Care Management Science*, (3).

Mcalearney, J. S., & Mcalearney, A. S. (2006), "Community health center integration: experience in the state of ohio", *Journal of Health Care for the Poor and Underserved*, (1).

Messkoub, M. (2010), "Crisis of ageing in less developed countries: too much consumption or too little production?", *Development & Change*, (2).

Mueller, C., Arling, G., Kane, R., Bershadsky, J., Holland, D., & Joy, A. (2006), "Nursing home staffing standards: their relationship to nurse staffing levels", *The Gerontologist*, (1).

Reinharth, D. (1989), "The quality of care: how can it be assessed?", *The Journal of the American Medical Association*, (8).

Schmid, H. (2010), "The israeli long-term care insurance law: selected issues in providing home care services to the frail elderly", *Health & Social Care in the Community*, (3).

Turrell, A. R. (1998), "Long stay care and the NHS: discontinuities between policy and practice", *Bmj British Medical Journal*, (3).

Wolf, R. S. (1978), "A Social systems model of nursing home use", *Health Services Research*, (2).

后 记

转眼间，时光飞逝，博士毕业已一年有余。遥想四年前毅然决然辞掉工作，独自背着行囊奔赴上海去攻读博士，彼时的情形仍历历在目。在硕士毕业七年之后，重返校园做回学生，内心几多恍然。博士的时光是那么漫长，数不清多少个日子的三点一线，多少个夜里的辗转反侧，盼时光快些，再快些，能够让我快点熬过去；博士的时光是那么短暂，数不清多少个精品的课程报告，多少个大咖的学术盛宴，盼时光慢些，再慢些，能够让我慢点领会。博士论文几经修改，才成今日之模样，内心的忐忑与惶恐依然。在学术之路上，仍像个无知而茫然的孩子，蹒跚学步。幸而还有更长的岁月，有待我去慢慢耕耘，慢慢成长，探索学术之奥妙，感受学术之魅力，享受学问之乐趣。

犹记得博士论文开题之前，自己苦苦思索了良久，仍未能找到合适的选题。恩师王桂新教授悉心为我指点迷津，帮助我确定了这个题目。对此，我非常感兴趣，毕竟生老病死，是人生所绕不开的话题，也是每个人都或早或晚要面临的课题。尤其是随着人口老龄化的日益加剧，养老问题更是整个社会的重大课题。该课题很有意义，值得我去尝试。在王老师的指导下，确定了论文的主体框架，明确了写作思路。之后去山东省民政厅、老龄委、统计局等相关部门搜集材料，又去济南、济宁、临沂、菏泽等四个地市的20多个养老机构进行实地调研和深度访谈，相对进展得比较顺利。

感谢恩师王桂新教授的栽培，收留我为门下，为我的成长付出心血和汗水。

从博士论文选题、写作、修改直至完稿，乃至进一步的完善，每一步都离不开恩师高屋建瓴且耐心细致的指导，一次次指引我、帮助我走出写作中的迷茫和困惑，让我有幸体验学术研究之真谛。恩师中外贯通的学识、严谨治学的态度、至真至善的人格、笔耕不辍的勤奋常让我叹服得五体投地，是我穷极一生也无法修炼到的境界。恩师不仅在课堂上传授给我们专业知识，在师门例会和课题研究中指导我们如何做学问，而且在生活中也给予我们关照和爱护，既是严师，也是慈父。这三年，从恩师处的所学、所见、所得，将使我受益匪浅；这三年，恩师对我的关照和指导，将使我终生难忘。

感谢学院其他老师在我求学期间对我的关爱，所传授于我的知识，所提出的指点、所给予的帮助，都将铭记在心。学院的张力老师、赵德余老师、郭有德老师、吴开亚老师等都曾在我的论文写作过程中给予了宝贵的指导意见，帮助我的论文更加完善。特别要感谢山东省社科院人口研究所的崔树义老师，曾对我的毕业论文进行过悉心指导，并给予中肯的修改意见。

本书能够有幸出版，也凝聚了众多亲朋的支持和帮助。感谢博士同门霍利婷、夏建红、矫卫红、姚映雪、贺翔宇、张学浪、王静涵等在我读书期间所给予的各种支持和帮助，伴我一路走来。还有同学梁同贵、杜炎强、何瑞文等，都曾在我的论文写作中提供力所能及的帮助。还有舍友萨仁、赵春兰等，我们一起度过了三年难忘的时光。感谢同乡石新民、舒建秋在我调研和搜集资料中所给予的大力协助。感谢省民政厅刘继涛处长、李海彦科长、老龄委李霄处长、省统计局张强处长，曾为我论文收集资料以及实地调研中提供了大力支持。感谢调研中予以积极配合的各地养老机构工作人员。感谢山东社会科学院各级领导对我的认可和肯定，为我提供了更宽广的舞台，并为我提供出版的机会。感谢出版社的冯春凤主任为此付出的辛勤劳动!!

最后，感谢最爱的家人，他们的爱是我最坚实的后盾和前进的动力，给我继续坚持下去的力量和勇气。为让我无所挂牵地去投入紧张的学习和科研提供尽可能的支持，三年里，年迈的父母抛却一切为我照看女儿，接送上下学和辅导作业，无微不至，无怨无悔，这份情意如山重，似海深，即便我用一生也难以回报。还有我即将满六岁的女儿，这三年我缺席了她的童年，牺牲了与她相伴的时光，使她成为留守儿童。还有我的姐妹们及其家人，在照顾父母之余给予我各种支持，助我早日学成归家。

感谢天资平平、不曾放弃的自己。虽然我的平生首部专著还仍有很多不足之处，需要更好地去补充和完善，但一路走来，能从最初的"独上高楼，望断天涯路"到"衣带渐宽终不悔"直至最后的"蓦然回首，那人却在灯火阑珊处"，仍要感谢自己，坚持到底。

"路漫漫其修远兮，吾将上下而求索"。未来科研和人生之路漫漫，但这段岁月的记忆永存心间。感谢所有关心和帮助过我的人，我会好好的，谢谢你们！！

纪春艳
己亥年秋于山东济南